직업선택과 노동복지

직업선택과 노동복지

김선금 저

전남대학교출판문화원

머리말

현대사회에서의 취업성공패키지는 노동시장에서 근로자의 복지정책의 일환으로 활용되고 있다. 취업성공패키지는 참여자의 취업역량평가, 직업훈련 참여, 집단상담프로그램, 심층상담, 집중취업알선 등 합리적이고 과학적인 시스템을 활용한 종합적인 고용서비스를 관리하는 프로그램이다.

따라서 취업성공패키지는 사회적 저소득층 구직자를 위한 대표적인 구직 지원 프로그램이다. 한국의 경우 지난 10년간 누적 지원 인원이 200만 명에 이르고 취업자 수 115만 명에 달할 만큼 양적·질적으로 크게 성장하였다.

이 책은 전남지역을 중심으로 취업성공패키지사업 참여자의 취업지원서비스 만족도 조사를 분석한 것이다. 취업성공패키지사업 참여자의 취업지원서비스 만족도 모형을 개발하기 위해 요인분석과 다중회귀분석을 통하여 모형을 개발하였다.

먼저, 서론에서는 취업 공공 패키지사업 참여자의 취업 지원서비스 만족도에 대한 연구 배경과 목적, 그리고 연구 방법과 연구의 흐름도를 대해 설명하였다.

그리고 두 번째 장에서는 선행연구의 고찰과 이론적 배경을, 세 번째 장에서는 취업성공패키지 현황과 문제점을, 그리고 네 번째 장에서는 취업지원서비스 만족도 조사를 고찰하였다.

이 책이 나오기까지는 많은 분들의 도움을 받았다. 먼저 학문의 길을 걸을 수 있도록 이끌어주신 모교의 최영수 교수님을 비롯하여 심재연 교수님, 정기연 교수님, 김형호 교수님, 그리고 이수관 교수님께 머리 숙여 감사의 마음을 전한다.

특히 항상 옆에서 이낌 없는 성원을 보내준 남편 박종수와 세미·세은 두 딸, 시어미니와 시누이들, 그리고 인생의 버팀목이 되어준 큰오빠 김선기 박사와 작은오빠 김선근 로지스 대표, 막내 김선균 박사, 두 올케에게도 마음을 다하여 고마움을 표한다.

끝으로 이 책의 가치를 더욱 빛내준 전남대학교출판문화원 관계자께 진심으로 감사와 고마운 마음을 전한다.

2020년 가을

목포야경이 바라보이는 서재에서

김선금

목 차

제3장 취업성공패키지 현황과 문제점 __ 61

제4장 취업지원서비스 만족도 조사 __ 73

■ 표 목차

■ 그림 목차

제1절 연구의 배경 및 목적
제2절 연구의 범위
제3절 연구의 방법
제4절 연구의 흐름도

제1장

서 론

제1장
서 론

제1절 연구의 배경 및 목적

2017년 문재인 정부가 들어서면서 "일자리 경제"는 경제 정책의 중심기조인 소득주도성장을 위한 핵심전략으로 좋은 일자리를 많이 만들어서 가계 소득을 높이고, 높아진 소득이 소비로 연결되어 내수를 활성화하여 선순환 구조를 만들려고 했다. 국정운영 5개년 계획에는 대통령 직속기구에 일자리위원회를 설치하여 범정부적으로 일자리 정책을 집중관리 하는 등 일자리 중심의 국정운영을 펴고 있다. 일자리, 노동시간, 비정규직, 노동시장에 성차별과 격차를 줄이기 위해서 기업과 노동자는 사회적 합의를 통해 양보와 분담으로 일자리 정책을 추진해가고 있다.

국내 청년실업문제를 해결하기 위해 공공부분에서 마중물이 될 수 있도록 공무원 신규채용을 확대하고, 공공부문에서 비정규직의 정규직 전환과 사회서비스 공단 설립 등을 통해 일자리의 질을 높이고 있다. 고용보험 사각지대 해소하기 위해 보험 가입대상 확대, 근로자를 위한 퇴직연금제도 확충 등 일자리 안전망을 강화하기 위하여 다양한 일자리 복지정책을 추진하고 있다. 고용노동부에서는 "국민의 눈높이에 맞는 좋은 일자리 창출", "성별·연령별 맞춤형 일자리 지원 강화", "실업과 은퇴를 대비하는 일자리 안전망 강화", 보건복지부에서는 "사회서비스 공공인프라 구축과 일자리 확충", 기획재정부에서는 "좋은 일자리 창출을 위한 서비스 산업 혁신", 금융위원회에서는 "소득 주도 성장을 위한 가계부채 위험 해소", "금융 산업 구조 선진화" 등 정책을 통해 소득주도 성장 일자리 경제를 정착시켜 더불어 잘 사는 사회를 만들고자 국정과제로 추진하고 있다.

또한, 청년 일자리 문제를 해결하기 위해 다양한 정책수단을 도입하여 지속적으로 투자와 지원을 확대하고 있다. 청년 일자리 만들기, 청년 일자리 미스매치 완화, 청년 내일, 창업 촉진, 해외취업 지원 등을 추진하고 있다. 최근에는 직업교육과 직업훈련을 통한 현장실습교육 중심으로 개편하고 다양한 시스템을 도입하여 청년 일자리 문제를 해결하기 위해 노력하고 있다.

외환위기 이후 근로빈곤 문제가 계속 심화돼 2009년에는 상대적 빈곤율이 5% 초과하는 등 사회적 문제가 발생하여 저소득층의 취업취약계층을 위한 취업지원서비스의 필요성이 제기되었다. 한편 취업취약계층에 대한 일자리창출 사업을 통해 임시방편의 취업률을 높이려는 정책이 추진되었으나, 근로자는 근로빈곤의 악순환에 의한 경제적 어려움을 겪고 있다.

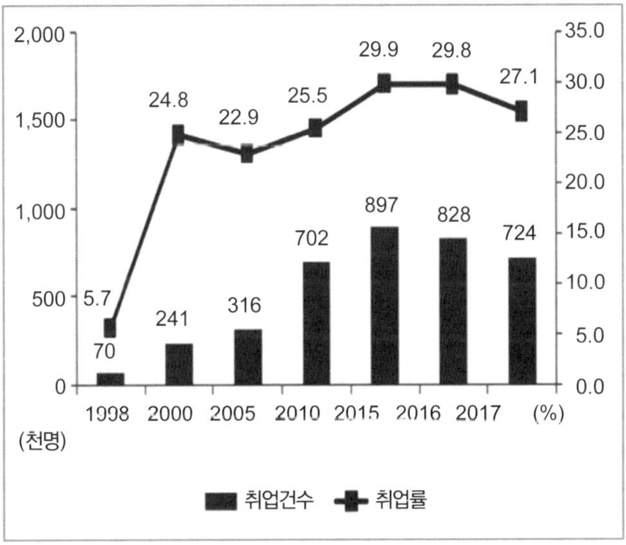

그림 1. 취업자 수 및 취업률

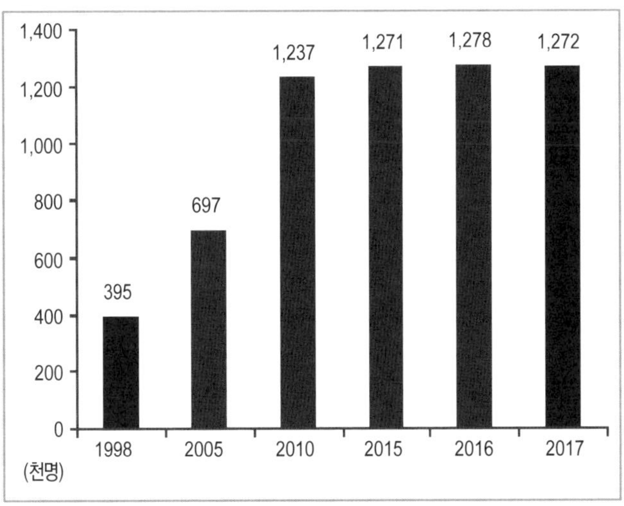

그림 2. 실업 급여 수급자 수

정부에서는 취업취약계층과 저소득층의 근로의욕을 제공하고, 근로자의 역량을 강화하기 위하여 개인의 특성에 맞는 맞춤형 종합취업지원서비스인 취업성공패키지사업을 추진하게 되었다.

취업성공패키지는 저소득, 취업취약계층을 대상으로 취업역량평가, 직업훈련 참여, 집단상담 프로그램, 심층상담, 집중취업알선 등 합리적이고 과학적인 시스템을 활용한 종합적인 고용서비스를 관리하는 프로그램이다. 취업취약계층의 근로의욕 증진, 근로역량 향상, 고용가능성 수준을 제고하고 개인의 특성에 적합한 취업지원방안을 마련하기 위해 2009년부터 현재까지 운영되고 있다. 한국의 경우 지난 10년간 누적 지원인원이 200만 명에 이르고 취업자 수 115만 명에 달할 만큼 양적·질적으로 크게 성장하였다[1].

고용노동부(2019) 취업성공패키지사업의 양적·질적 측면 성장을 살펴보면 과거 10년간 참여 인원을 꾸준히 늘리고 취업서비스를 지원하여 크게 증가하였다. 지원 인원은 2009년 0.9만 명의 지원 인원이 2018년에는 30.8만 명으로 대략 35배 증가하였으며, 취업자 수는 2010년 1.5만 명에서 2017년도에는 22.5만 명으로 대략 15배 증가하였다. 지원대상도 2009년도에 중위소득 60% 이하 가구원에서 2011년도 만 34세 이하 청년으로 2012년에는 만 35~64세 중장년층으로

---

1) 고용노동부 보도자료(2019. 5. 23), 내 삶을 바꾼 「취업성공패키지」 10년간 115만 명 취업.

2017년에는 만 64세~69세까지 사업대상이 확대되어 취업을 희망하는 전 국민 누구나가 참여할 수 있는 취업지원서비스로 자리매김하였다. 질적 성장 측면에서도 등 지표에서도 우수한 사업결과를 창출하였고, 특히 취업률은 4년제 대학 졸업자 평균 취업률 62.6%(2017년 기준, 교육부)와 비교했을 때 2.3%p 높은 것으로 확인되었다. 그러나 가장 중요한 취업성과는 취업 증가를 통해 국민들의 삶의 질에 보다 긍정적인 변화를 주었다. 즉 취업을 통해 화목한 가정을 회복하고, 사회초년생의 사회일원이 될 수 있는 기회를 제공하고, 경력단절자의 인생 2막을 지원하고 있는 것이다.

제2절 연구의 범위

본 연구의 구체적인 연구의 범위는 다음과 같다. 취업성공패키지 참여자의 만족도 분석을 위한 연구대상은 2017년 이후 취업성공패키지 사업 참여자 가운데 취업에 성공한 참여자로 한정하며, 취업성공패키지에서 제공하는 서비스의 만족도를 확인하기 위하여 2단계(직업능력향상) 프로그램에 참여한 취업자만을 대상으로 선정하였다. 원활한 연구수행을 위하여 공간적 범위는 전라남도에 위치한 취업성공패키지 민간위탁기관에서 운영하는 프로그램 참여자를 대상으로 한다.

제3절 연구의 방법

본 연구는 취업성공패키지 참여자의 서비스만족도 분석을 통해 구직 희망자에게 질 좋은 취업서비스 제공을 통해 좋은 일자리 및 일자리 서비스를 제공하고자 한다. 본 연구를 수행하기 위해서 먼저 국내·외의 문헌 고찰을 통하여 근로복지연계정책에 대한 사례분석 등을 통해 근로복지연계정책을 이해한다. 또한 2009년부터 운영된 취업성공패키지사업에 대한 기존연구를 통해 서비스만족도, 취업성공패키지사업에 대해 확인하고 본 연구에서는 취업지원서비스 단계별 프로그램에 대한 만족도 조사를 통해 향후 취업성공패키지사업의 발전방안을 제시한다.

제4절 연구 흐름도

취업성공패키지사업 만족도에 대한 연구진행절차는 아래의 그림과 같다.

서 론

- ○ 연구의 배경과 목적
- ○ 연구의 방법과 연구 범위
- ○ 연구흐름도

⬇

이론적 배경과 선행 연구의 고찰

- ○ 진로선택이론
- ○ 근로복지 연계정책 사례 연구
- ○ 선행연구고찰(서비스만족도, 취업성공패키지사업)

⬇

취업성공패키지 사업

- ○ 사업개요(목적, 지원대상자 등)
- ○ 취업지원 내용(지원프로그램, 지원금 등)
- ○ 현황 및 문제점

⬇

서비스만족도에 설문조사 및 분석

- ○ 설문의 구성
- ○ 연구의 가설
- ○ 서비스만족도 분석
- ○ 모형개발

⬇

결 론

- ○ 연구의 요약 및 정책적 함의
- ○ 연구의 한계 및 향후 과제

그림 3. 연구의 흐름도

제1절 선행연구 고찰
제2절 이론적 배경

제2장

선행연구의 고찰과 이론적 배경

제2장 선행연구의 고찰과 이론적 배경

제1절 선행연구 고찰

1. 국내 취업성공패키지 만족도 관련 선행연구

우리나라는 1970년대 이후 산업화의 가속화로 취업의 기회가 넓어지고 있었지만, 취업에 대한 불만족, 불평등 등으로 취업에 대한 문제가 사회 문제로 대두되었다[1]. 취업에 대한 사회적 문제를 해결하기 위해 취업성공패키지 만족도 등 각종 정책들이 이론적 연구를 바탕으로 진행되어왔다. 따라서 본 연구에서는 취업성공패키지와 관련한 선행연구를 검토하고자 한다.

취업성공패키지 만족도에 대한 국내 선행연구에는 한국경제경영연구원(2012)에서 취업성공패키지 참여자의 만족도 조사를 연구했는데, 빈도분석, 상관분석, 회귀분석, IPA분석을

1) 김지희(2013), 「취업성공패키지 참여자들의 고용지원서비스 만족도 향상요인에 대한 분석」, 고용서비스 연구보고서.

통해 1단계에는 상담, IAP, 참여수당, 상담자, 2단계에는 직업훈련과정, 직업훈련프로그램, 참여 동기, 직업능력향상, 3단계에는 일자리정보, 취업알선, 참여수당, 수당을 조사 분석한 결과 전반적 만족도가 4.23이 측정되었다.

김진희(2013)는 취업성공패키지 참여자들의 고용 지원서비스 만족도 향상요인에 대한 분석을 다중회귀분석을 통해 연구하였는데, 프로그램참여경로를 1단계에는 상담시간, 상담만족도, IAP 시간제공 충분성, IAP 지원도, 2단계에는 참여프로그램, 프로그램 질 평가, 프로그램 유용성, 담당자의 지속적 연락, 3단계에는 구인정보 취업 유용성, 희망직업 부합도, 담당자 지속적 연락을 통해 서비스만족도에 긍정적인 영향을 미치는 요인으로 IAP 수립에 대한 담당자의 도움 제공, 2단계 프로그램 질적 수준, 2단계 프로그램의 취업 유용성, 제공된 구인정보의 취업 도움 정도, 프로그램 종료 후 담당자의 관리 등으로 연구 분석되었다.

김호원, 이종구(2016)는 취업성공패키지 청년층 특화 취업지원 프로그램 참여자의 만족도와 성과에 관한 연구에서 교차분석을 통해 만족도에 영향을 미치는 요소로 개인별 취업지원계획(IAP)수립에 대한 담당자의 도움 제공, 2단계 프로그램의 질적 수준, 3단계 프로그램의 취업 유용성 정도, 제공된 구인정보의 취업 도움 정도, 프로그램 종료 후 담당자의 관리로 분석되었다.

이현주(2017)는 취업성공패키지 지원 서비스만족도가 취업성과에 미치는 영향에서 요인분석(이항로지스틱 회귀분석)을 통해 만족도에 영향을 미치는 요소로 남성, 수도권 거주자, 직업선호도검사 만족도 등으로 연구되었다.

김호원, 이종구(2018)는 취업성공패키지 청년층 특화 취업지원프로그램 참여자의 만족도와 성과에 관한 연구에서 민족도에 영향을 미치는 요소로 수도권, 전문대졸 이하 등으로 연구되었다.

이상과 같은 선행연구를 바탕으로 취업성공패키지 만족도에 대해 다음과 같은 연구방법을 검토하게 되었다.

취업성공패키지 지원서비스 만족도가 취업성과에 미치는 영향을 분석하기 위한 분석 방법으로는 교차분석과 요인분석 그리고 회귀분석을 주로 사용하였다. 취업자의 개인적 특성과 취업성과에 대한 분포를 파악하기 위해 빈도분석을 활용하였으며, 취업자의 개인적 특성에 따라 취업성과에 차이가 발생하는가를 검정하기 위해 카이스퀘어 검정 방법을 활용하였다[2].

취업성공패키지 참가자들은 패키지 프로그램 2단계인 프로그램의 질과 취업 유용성, 구인정보의 질, 종료 후 사후관리에 대해 관심이 높은 것으로 나타났다. 취업성공패키지의 만족도에서는 교육훈련과정, 취업성과에 대한 영향력에 관심이 큰 것으로 나타났다. 따라서 취업성공패키지의 활성화와

---

2) 이현주(2017), “취업성공패키지 지원 서비스 만족도가 취업성과에 미치는 영향”, 「청년층을 중심으로」, 경기대학교 행정·사회복지대학원 석사학위논문.

서비스 만족도 향상을 위해서는 2단계 취업지원서비스에 대해 물적 인적지원이 이루어질 필요가 있으며, 참여자들이 중간에 포기하거나 탈락하지 않고 2단계로의 진입에 노력해야 할 것으로 나타났다. 이는 1단계에서 이루어지는 참여자들의 개인별 취업지원계획(IAP)수립이 얼마나 효과적으로 이루어지느냐에 달려있다는 점에서 개별 심층상담의 시간의 적절성과 상담의 질적 향상을 위한 노력도 함께 연구되어야 할 요인으로 나타났다.

취업성공패키지 참여자들은 프로그램의 만족을 위해 상담사와의 충분한 시간 배려와 관심사항에 대한 이해도, 상담사의 자질과 성실성에 관심이 많은 것으로 나타났다. 반면 지나치게 긴(1개월) 상담기간과 불충분한 상담시간 및 횟수에 대해 불만족을 보이는 것으로 나타났다. 또한, 취업성공패키지 만족도에 영향을 미치는 요인으로는 개인별 취업계획(IAP)수립에 대한 담당자의 역할, 프로그램의 질적 수준, 프로그램의 취업 유용성, 제공된 구인정보, 프로그램 종료 후 관리가 주요한 요인으로 확인되었다[3].

---

3) 이수연(2015), "민간위탁사업의 서비스만족도 향상 및 발전방안", 「취업성공패키지 중심으로」, 인천대학교 경영대학원 석사학위논문.

표 1. 취업성공패키지사업 서비스만족도 기존연구 결과

번호	저자	분석방법	조사항목	분석결과
1	취업성공패키지 참여자의 만족도 조사			
	한국경제경영연구원 (2012)	빈도분석 상관분석 회귀분석 IPA분석	- 1단계 : 상담, IAP, 참여수당, 상담자 - 2단계 : 직업훈련과정, 직업훈련프로그램, 참여동기, 직업능력향상 - 3단계 : 일자리정보, 취업알선, 참여수당, 수당	전반적 만족도 4.23 - 1단계 만족도 : 4.37 - 2단계 만족도 : 4.23 - 3단계 만족도 : 4.02
2	취업성공패키지 참여자들의 고용 지원서비스 만족도 향상요인에 대한 분석			
	김진희 (2013)	다중회귀분석	프로그램참여경로 - 1단계: 상담시간, 상담만족도, IAP 시간제공 충분성, IAP 지원도 - 2단계: 참여프로그램, 프로그램 질 평가, 프로그램 유용성, 담당자 지속적 연락 - 3단계: 구인정보 취업 유용성, 희망직업 부합도, 담당자 지속적 연락	서비스만족도에 긍정적인 영향을 미치는 요인 - IAP수립에 대한 담당자의 도움제공 - 2단계 프로그램 질적 수준 - 2단계 프로그램의 취업 유용성 - 제공된 구인정보의 취업 도움정도 - 프로그램 종료 후 담당자의 관리

번호	저자	분석방법	조사항목	분석결과
3	취업성공패키지 청년층 특화 취업지원 프로그램 참여자의 만족도와 성과에 관한 연구			
	김호원, 이종구 (2016)	교차분석	- 개인적 특성: 성별, 나이, 학력 참여경로, 서비스 만족도, 취업도움여부 - 상담시간, 상담과정, 진로결정도움, IAP 작성시간, IAP 작성도움, 참여 프로그램, 프로그램 질적 수준, 구인정보, 희망직업과 부합, 프로그램 종료 후 관리	만족도에 영향을 미치는 요소 - 개인별 취업계획(IAP)수립에 대한 담당자의 도움 제공 - 2단계 프로그램의 질적 수준 - 3단계 프로그램의 취업 유용성 정도 - 제공된 구인정보의 취업 도움 정도 - 프로그램 종료 후 담당자의 관리
4	취업성공패키지 지원 서비스만족도가 취업성과에 미치는 영향			
	이현주 (2017)	요인분석 이항로지스틱회귀분석	- 개인적 특성 (성별, 연령, 거주 지역, 학력, 유학연수, 자격증 수) - 서비스만족도 (진로설정, 직업선호도검사 해석, 교육훈련, 취업알선, 추가지원서비스) - 취업성과(급여수준, 희망직무일치여부, 취업 소요기간, 근속기간, 직장 유형, 직장 규모 등)	만족도에 영향을 미치는 요소 - 남성 - 수도권 거주자 - 직업선호도검사 만족도

번호	저자	분석방법	조사항목	분석결과
5	취업성공패키지 청년층 특화 취업지원 프로그램 참여자의 만족도와 성과에 관한 연구			
	김호원, 이종구 (2018)	교차분석	- 취업성공패키지 프로그램 항목별 만족 수준(지원 대상, 지원기간, 지원금액, 프로그램 신청절차, 지원금 신청절차, 상담 등 지원 프로그램) - 취업성공패키지 프로그램 전반적 만족도 평가 - 취업성공패키지 재참여 의향 - 취업성공패키지 프로그램 참여 전후 변화(근로의욕수준, 직업능력수준, 취업 성공 자신감	만족도에 영향을 미치는 요소 남성, 수도권, 전문대졸 이하

2. 서비스만족도의 선행연구 고찰

취업성공패키지 만족도는 참여자와 종사자 간의 상호 밀접한 마케팅 서비스가 중요한 요인으로 작용한다. 따라서 본 연구의 완성도를 위해 서비스만족도에 대한 선행연구를 고찰해 볼 필요가 있다. 서비스만족도의 범위는 고객만족의 범위를 내포하고 있다. 취업성공패키지에서 상담자의 기대보다 긍정적인 경우, 본 패키지의 활용도가 높아가고 신뢰감이 지속적으로 유지될 수 있다. 즉 만족은 특정 거래를 선택한 후 내리는 지각된 성과를 사전에 가졌던 기대와 비교하여 내리는 평가적 판단이라 할 수 있다[4].

서비스만족도와 관련한 주요 선행연구에서 김은선(2001)은 서비스 만족은 고객만족의 의미라고 정의했다. 강춘한(2013)은 만족은 소비자의 서비스 전 단계의 기대와 서비스 이용 시 소비자의 만족 간 차이라고 했다.

따라서 고객만족은 서비스 전후에 나타나는 지속적인 가치판단에 대한 반응이라고 정의할 수 있는데, 이러한 과정에서 고객은 주관적인 판단에 의해 동일한 서비스에서도 상이한 반응을 보일 수 있다. 이것은 고객이 지향하는 가치, 소비자의 성격, 다양한 경험 등에서 영향을 받는다.

또한 Kotler(2000)는 서비스에 만족한 소비자는 긍정적인

---

4) Oliver, Richard L. (1980). "A cognitive Model of the Antecedents and Consequences of Satisfaction Decisions", Journal of Marketing Research.

입소문을 통해 서비스를 재구매하는 양상을 보인다. 반면 불만족한 소비자의 경우 부정적 입소문을 전달해 재구매를 하지 않는 양상을 보인다. 소비자 만족도는 소비자의 태도에 영향을 미치고 태도는 재구매 의사에 영향을 미친다. 즉 소비자 만족이란 소비자의 태도에 영향을 미치고 재구매 의사의 영향 요인이라고 했다.

Strasser & Davi(1991)에 따르면 고객만족은 서비스 이용 전과 후의 지속적인 가치판단의 반응이라고 했다. Oliver(1997)는 만족은 특정거래에 대한 사전의 기대와 거래 이후 내리는 지각에 대한 평가적 판단이라고 했다. Bitner(1992)는 소비자의 만족도는 물리적 환경에 있으며, 이로 인해 서비스 품질에 대한 긍정성과 재이용 가능성이 크다고 했다. Taylor & Cronin (1994)은 서비스 만족에 따른 구매 의도는 일회성보다는 지속적으로 이루어진다고 했다.

이상의 선행연구에서 나타난 만족이란 소비자의 서비스 가치를 나타내는데, 서비스 이전과 이후의 소비자가 주관적으로 느끼는 긍정적 느낌이라고 할 수 있다. 즉 고객만족이란 소비자의 감정이 종합적으로 발생되는 심리상태를 말한다. 따라서 취업성공패키지에서도 참여자인 고객의 만족도에 대한 검증이 중요한 요인 중 하나다.

표 2. 서비스만족도와 관련된 주요 선행연구

연구자	연도	주요 내용
김은선	2001.	서비스 만족은 고객만족의 의미
강춘한	2013	만족은 소비자의 서비스 전 단계의 기대와 서비스 이용 시 소비자의 만족 간 차이
Strasser & Davi	1991	고객만족은 서비스 이용 전과 후의 지속적인 가치판단의 반응
Oliver	1980	만족은 특정거래에 대한 사전의 기대와 거래 이후 내리는 지각에 대한 평가적 판단
Kotler	2000	만족이란 소비자의 태도에 영향을 미치고, 재 구매 의사의 영향 요인
Bitner	1992	소비자의 만족도는 물리적 환경에 있으며, 이로 인해 서비스 품질에 대한 긍정성과 재이용 가능성이 큼
Taylor & Cronin	1994	서비스 만족에 따른 구매 의도는 일회성 보다는 지속적으로 이루어짐

제2절 이론적 배경

본 연구에서는 선행연구를 토대로 국내 취업성공패키지 연구에 활용할 수 있는 이론적 배경으로 진로발달 이론과 진로 신택직 이론을 검토한다. 진로 발달적 이론으로 긴즈버그(Ginzberg), 수퍼(Super)의 이론 그리고 진로선택적 이론으로는 로(Roe)의 욕구이론, 홀랜드(Holland)의 성격유형이론을 검토하고 다음과 같이 정리한다.

1. 진로발달적 이론

(1) 긴즈버그(Ginzberg)의 진로발달적 이론

가. 이론의 배경

긴즈버그(Ginzberg)는 직업선택과정을 발달적 접근방법을 선택한 진로 발달적 이론(Ginzberg's theory of career development)을 주장하였다. 진로발달 단계를 6세~22세로 정하고, 진로선택에 있어 내용보다는 과정을 중시하였다. 직업선택은 하나의 발달과정인데, 이는 단 한 번의 결정이 아니라 일련의 결정들이 계속적으로 이루어진다. 각 단계의 결정은 전 단계의 결정 및 다음 단계의 결정과 밀접한 관계를 가지고 있다. 그래서 직업선택은 하나의 발달과정으로 보고 장기간에 걸쳐서 이루어지는 1회적인 일련의 결정이다. 직업선택은 ① 가치관 ② 정서적 요인 ③ 교육의 양과 종류 ④ 실제 상황적 여건의 4

가지 요인이 있고, 직업선택 과정은 바람(wishes)과 가능성(possibility) 간의 타협(compromise)의 상호관계가 형성되기 때문에 직업선택과정은 비가역적이라고 한다[5].

나. 직업선택의 과정

긴즈버그는 직업선택은 '타협'을 중시하고 다음 세 단계로 구분하였다. ① 환상적 직업선택 단계(fantasy period, 6～10세), ② 시험적 직업선택 단계(tentative period, 11～17세) : 환상기 ② 시험적 직업선택 단계(tentative period, 11～17세)이며 시험적 직업선택 단계에서는 흥미단계(interest stage, 11～12세), 능력단계(capacity stage, 12～14세), 가치단계(value stage, 15～16세), 전환단계(transition stage, 17～18세)로 구분한다. ③ 현실적 직업선택 단계(realistic period, 18～22세)로 탐색단계(exploration stage), 구체화 단계(crystalization stage), 특수화 단계(specification stage)로 구분한다.

(2) 수퍼(Super)의 진로발달 이론

가. 이론의 배경

수퍼(Super)는 진로발달에 영향을 주는 요인으로 개인적

---

5) Ginzberg, E., Ginsburg, S. W., Axelrad, S., & Herma, J. L(1951). Occupational choice: An approach to a general theory. New York: Columbia University Press.

요인과 환경적 요인으로 분류하고, 두 요인은 상호작용에 의해 진로발달이 추진된다고 했다. 또한 수퍼(Super)는 이전의 긴즈버그의 진로발달이론의 한계와 미흡을 지적하고 포괄적이고 발전된 이론을 정립하고자 노력하였다. 수퍼는 긴즈버그의 초기이론인 아동기부터 성인에 이르기까지 국한된 과정에 이의를 제기하고, 인간의 전 생애에 걸쳐서 이루어지고 변화된다는 진로발달 이론을 주장했다.

또한, 수퍼는 진로발달이론을 정립하기 위하여 홀랜드(Holland)의 연구와 비교하여 인간의 자아개념 발달과 진로발달의 관계를 규명하는데 노력했다. 이는 인간의 일생 발달단계는 적응의 계속적 과정이라고 보는 것인데 이러한 전제를 바탕으로 [그림 4]와 같이 생애진로 무지개를 제시하는 등 인생의 발달단계와 진로유형의 중요성을 제시하였다.

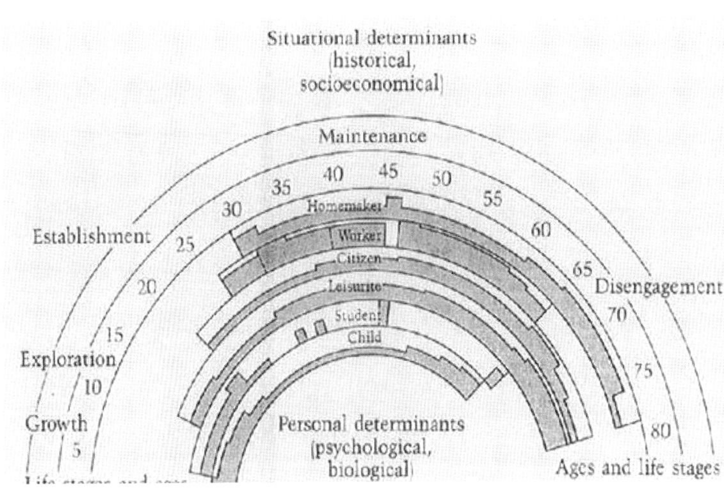

그림 4. 수퍼의 생애 진로 무지개

(3) 진로발달이론의 변화

기존의 진로발달이론이 인지적 측면을 강조하고 초기 모델에 대한 수정을 거듭하는 등 진로발달이론의 명료화에 노력하고 있음에도 불구하고, 1990년대부터 정보화 발달과 더불어 새로운 진로이론이 제기되고 있다.

가. 인지적 정보처리이론

인지적 정보처리이론(CIPT : Cognitive Information Processing Theory)은 페터슨, 샘슨 및 리어든(Peterson, Sampson, & Reardon)이 주장한 이론으로 개인의 진로문제에 대한 의사결정은 정보를 활용한 인지적 정보처리 이론을 적용한 이론을 말한다.

① 인지적 정보처리의 과정

개인이 독자적인 진로문제 의사결정자로 성장하기 위해서는 정보처리 능력을 배양해야 한다. 정보처리 능력은 [그림 5]와 같이 3단계의 피라미드 정보처리 방식으로 나타난다.

진로 의사결정은 먼저 1단계인 지식 영역을 갖추어야 한다. 여기에는 자기 자신에 대한 지식인 자기 지식과 직무에 관한 지식인 직업 지식이 포함된다. 2단계는 의사결정 기술영역으로 이 영역에서는 의사소통(Communication) → 분석(Analysis) → 종합(Synthesis) → 가치평가(Valuing) → 실행(Execution)으로 이루어진다. 이 구성 시스템을 CASVE 시스템이라고 한다.

3단계는 실천과정 영역으로서 초인지에 의해 통제·조절된다.

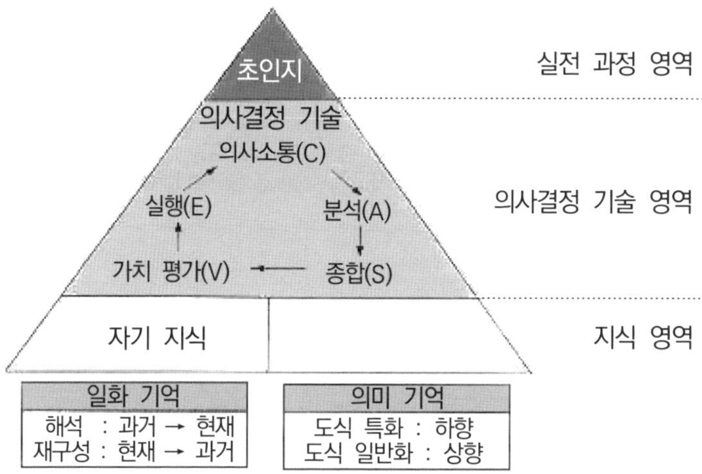

그림 5. 정보처리 진로 의사결정

② 인지적 정보처리이론의 특성

인지적 정보처리이론에서는 정보처리 과정에 진로상담을 추가한 것이다. 다른 이론들도 비슷한 가정과 절차를 제안하고 있으나, 인지적 정보처리 이론의 특성은 개인의 운명을 결정, 통제하는데 있어서 정보를 활용한 인지적 역할이 중요하다는 것을 제시하고 있다.

나. 가치 중심적 진로접근모델

브라운(Brown)은 진로발달에 대해 가치 중심을 강조한 진로접근모델을 주장했다. 인간행동은 개인의 가치에 의해서 영향을 받는다는 가정을 통해 인간의 행동기준은 발달과정에 중요한 요인이며 가치에 기반을 둔 것이고 이는 자신의 행위와 타인의 행위를 판단하는 기준이 된다는 것이다.

가치 중심적 진로접근모델에서는 개인이 가지는 사회적 흥미보다는 가치를 중요한 요인으로 인지하고 있다. 따라서 가치는 진로결정 과정에서 개인의 목표설정에 중추적인 역할을 담당한다는 것이다.

또한, 브라운은 가치가 행동역할을 합리화하는 데 중요한 결정요인으로 인식했다. 이를 사회적 측면의 가치와 독립성 측면의 가치와 구분하고, 사회적 봉사 측면의 가치가 크면 타인을 도와주는 직업을 추구하게 되고, 독립성을 지향하는 측면의 가치가 강하면 적게 통제받고 행위의 자유를 허용하는 직업을 추구한다는 것이다.

다. 자기효능감이론(Self-efficacy theory)

앨버트 반두라(Bandura)는 객관적인 능력이나 조건보다는 자신의 역량에 대한 신념으로 이우러진 자기 효능의 중요성을 강조했다. 즉 자기효능감이란, 자신이 어떤 일을 해낼 수 있다고 생각하는 믿음을 뜻하며, 이를 사회학습이론을 토대로 한 자기효능이론이다.

반두라는 사회학습 이론을 통해 자기효능감이 개인 노력에 따라 개인의 사고에 차이가 있다고 주장했다, 이는 높은 효능감을 지닌 사람들은 수행을 긍정적으로 이끌어 성공 시나리오를 시각화하고, 또 문제소지에 대해서도 좋은 해결방안을 인지적으로 시연한다. 반면, 스스로를 비효율적이라고 판단하는 사람들은 실패 시나리오를 시각화하는 경향이 있는데, 이렇게 비효율적인 사고는 동기 수준과 수행을 저하시킨다.

라. 사회인지적 진로이론

렌트와 브라운 및 하켓(Lent, Brown, & Hackett, 1996)은 기존이론과 새로운 이론을 공유하는 지식연계 방식인 사회인지적 진로이론(SCCT : social cognitive career theory)을 다음과 같이 제시하였다.

첫째, 자이개념, 자기효능감 등과 같이 관련된 개념들을 공통된 의미에 합의하는 것이다. 베츠(Betz, 1992)는 진로 자기효능감을 진로행동의 어떤 측면과 관련한 낮은 효능감 기대는 최적의 진로선택과 개인개발의 손상요인으로 작용할 수 있다는 가능성이라고 정의하였다.

이는 과학, 수학 등과 같은 내용영역의 진로선택 내용과 진로의 실행을 증진시키는 행동영역의 진로선택 과정을 포함한 것이다. 이러한 관점에서 볼 때 개인은 낮은 자기효능감과 효능감 결여로 진로를 둘러싼 작업코스를 회피하거나 진로결정을 회피할 수 있다.

둘째, 그동안 연구된 이론 중에서 발견된 만족과 안정성 같은 공통적인 성과를 충분히 기술하고 정의하는 것이다.

셋째, 능력, 욕구, 흥미, 자기 효능감 등의 다양한 내용들을 충분히 갖추는 것이다. 이는 진로와 관련된 연구에서 다양한 변인들에 대한 의사소통의 요인을 찾으려는 데 있다.

마. 진로 의사결정이론(career decision making theory)

진로의 최종적인 결과는 '의사결정'으로 나타난다. 진로에 있어서 의사결정이 매우 핵심적인 사항으로 자리 잡고 있다. 한 개인이 교육을 받고 사회의 규범을 받아들이면서 사회체제 내에서 가장 개인의 능력을 발휘하는 것이 곧 일을 통하여 이루어지는 여러 가지의 생산물들과 인간관계를 통한 사회와의 교류이다. 이러한 교류가 바로 직업을 뜻하며 이러한 사회적 경제적 수단을 획득하기 위한 직업을 갖기 위하여 우리는 어려서부터 지금까지 성숙되어온 진로의식이 내재되어 있다. 이와 함께 사회의 직업들 중 이상적인 직업을 갖기 위하여 개인의 특성과 가치관에 따라서 우선순위를 두고 직업을 선택하고 전직하는 인생의 전 과정에서 의사결정을 필요하게 된다.

2. 진로선택적 이론

(1) 로(Roe)의 욕구이론

가. 이론의 배경

로(Roe)는 성격 결정 요인이 직업선택에 큰 영향을 미친다고 생각하였다. 초기 아동기의 환경이 직업선택에 영향을 준다는 것이다. 로는 매슬로(Maslow)의 욕구위계이론을 기초로 초기의 인생경험과 진로선택의 관계에 대한 이론을 발전시켰다[6]. 그녀는 여러 가지 다른 직업에 종사하는 사람들은 제각기 다른 성격을 가지고 있으며, 이러한 성격 차이는 어린 시절 부모와 자녀 간의 관계에서 기인한다고 보았다. 부모가 자녀를 수용, 거부 또는 과잉보호나 지나치게 요구하는 데 대한 자녀의 감정이 인간 지향적이거나 비인간 지향적인 생활양식을 발전시키고, 이는 결국 개인에게 특정 직업을 선택하도록 만드는 진로 지향성을 형성하도록 한다는 것이다. 과잉보호나 지나친 요구를 아동이 제재로 받아들일 때는 방어적 수단으로서 비인간적 직업을 택하기도 하고, 반대로 거부적인 가정 분위기에서 자란 아동이 만족을 추구하고자 인간 지향적으로 될 수 있다.

부모와 자녀관계가 직접적으로 사람의 미래 직업선택에 영향을 미친다는 이론은 이후 자기 스스로 수정하기는 했지만, 그 이론은 미래의 직업선택에 어린 시절 요소를 연결했다는 점에서 시대에 앞선 관점을 보였다 할 수 있다.

로는 이 연구에서 직업군을 서비스직, 영업직, 조직, 산업기술직, 옥외 활동직, 과학직, 일반 문화직, 예체능직의 8개로

---

6) Roe, A., & Lunneborg, P. W.(1990), Personality Development and Career Choice. In D. Brown, et al., Career Choice and Development : Applying Contemporary Theories to Practice. SanFrancisco : Jossey-Bass.

나누었다. 각각의 군은 다시 전문직 상급, 전문직 보통, 준 전문직, 숙련직, 준 숙련직, 비숙련직의 6단계로 나누어 직업을 분류한 직업분류표를 제시하였다. 이 표는 많은 직업 중에 자신의 관심 분야와 능력 수준에 맞는 직업을 쉽게 찾아볼 수 있다는 장점이 있기 때문에 여러 진로지도 프로그램에서 이용되고 있다.

나. 직업군집

로는 미네소타직업평가척도를 기준으로 직업군집을 8가지로 구분하였다. 군집1 일반 문화직(general culture), 군집2 과학직(science), 군집3 옥외활동직(outdoor), 군집4 기술직(technology), 군집5 단체직(organization), 군집6 비즈니스직(business Contact), 군집7 서비스직(service), 군집8 예능직(arts and entertainment) 등이다.

이상의 8가지 직업군집은 책임성, 능력성, 기술성의 기준으로 각각 6단계로 구분된다. 단계별로 상관관계는 무관하며, 단계별 책무성과 이러한 기준들 사이의 상관관계는 없으며, 책무성의 정도가 단계의 연속선 상에 존재한다.

표 3. 로(Roe)의 직업군집에 따른 직업분류

군 집	내 용
1 군집	고급 전문관리(professional and managerial)
2 군집	중급 전문관리(professional and managerial)
3 군집	준 전문관리(semiprofessional and small business)
4 군집	숙련직(skilled)
5 군집	반 숙련직(semiskilled)
6 군집	비 숙련직(unskilled)

자료 : Roe의 직업군집 재성리

(2) 홀랜드(Holland)의 성격유형이론

가. 이론의 배경

개인의 직업적 흥미에 대한 설명은 곧 개인의 성격에 대한 가정에서 시작한다. 직업흥미검사는 다음 세 가지로 구분된다. ① 경험적 타당도에 의하여 개발된 스트롱(Strong, 1943)의 직업흥미검사(SVIB), ② 특정 직업군에서 나타나는 동질적 내용의 활동들로 구성되는 문항들의 선호도로 결정하는 쿠더(Kuder, 1965)의 직업흥미검사(KOIS), ③ 사람들의 성격과 직업생활의 유형을 분석하여 6가지의 유형(RIASEC; realistic, investigative, artistic, social, enterprising, conventional)으로 분류한다.

홀랜드(Holland)는 RIASEC 유형을 통해 직업흥미검사(vocational preference inventory; VPI), 자기탐색검사(진로탐색검사, self-directed search; SDS), 직업탐색·통찰검사(vocational exploration and insight kit; VEIK), 직업정체성척도(my vocational situation; MVS) 등 매우 유용한 검사 도구를 개발하였다.

나. 성격유형 내용

홀랜드(Holland)는 개인의 성격을 다음과 같이 6가지 유형으로 구분하였다[7].

홀랜드(Holland)는 다음의 가정을 전제로 성격유형이론을 정리하고 있다. 첫째, 가정은 개인의 성격은 여섯 가지 유형으로 구분한다, 즉 실제적이고 현실적(realistic)·연구 활동의 탐구적(investigative)·문화지향의 예술적(artistic)·사회적(social)·설득적(enterprising)·관습적(conventional) 유형 중의 하가지 성격을 갖고 있다. 이 유형을 머리글자를 따서 'RIASEC'라고 표현한다. 둘째, 가정은 환경의 특성에 따라 실제적이고 현실적·연구 활동의 탐구적·문화지향의 예술적·사회적·설득적·관습적 환경으로 구분된다. 셋째, 가정은 개인은 자신의 능력과 기술을 배양하고, 태도와 가치 그리고 자신에게 맞는 역할을 수행할 수 있는 환경에 영향을 받는다. 넷째, 인간의 행동

---

7) Holland, J. L.(1985), Making Vocational Choices : A Theory of Vocational Personalities and Work Environments. Englewood Cliffs, NJ : Prentice-Hall.

은 성격과 환경의 변화 즉, 진로선택, 직업변경, 직업성취 등에 따라 결정된다.

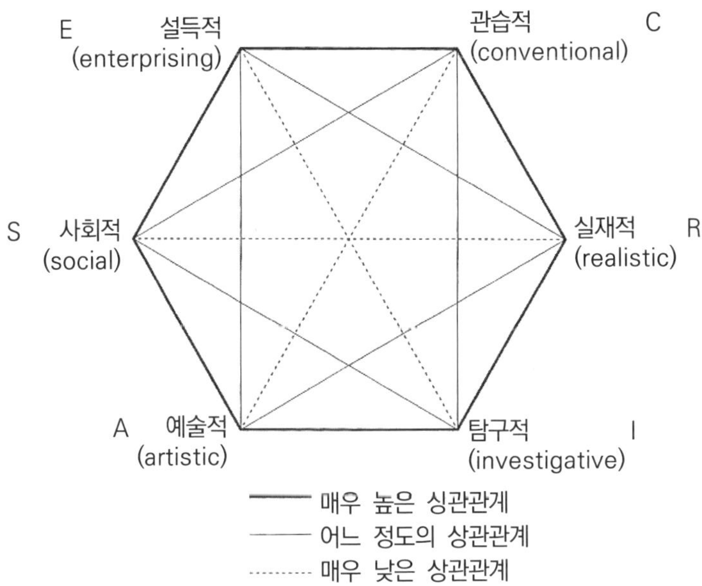

그림 6. 6각형 모형(직업적 성격의 관계모형)

따라서 홀랜드(Holland)는 개인의 직업적 성격과 흥미를 다음과 같이 여섯 가지 유형(RIASEC)으로 구분한다.

표 4. 홀란드의 직업적 6가지 성격 유형

구 분	유 형	유형의 특성	직업적 활동	주요 직군
1유형	현실형	남성적, 솔직성, 성실성, 검소성, 지구력, 신체적 건강, 소박성, 묵직성, 고집성, 직설적, 단순성.	·질서정연하고 체계적 대상이나 연장, 기계, 동물들을 조작하는 활동 ·신체적 기술들을 선호	기술자, 조종사, 정비사, 농부, 엔지니어, 전기·기계기사, 운동선수 등
2유형	탐구형	탐구성, 논리적·분석적·합리적성, 정확성, 지적 호기심, 비판적·내성적, 내면적, 신중성.	관찰적·상징적·체계적으로 물리적·생물학적·문화적 현상을 탐구하는 활동	과학자, 물리학자, 인류학자, 지질학자, 의료기술자, 의사 등
3유형	예술형	상상성, 감수성, 자유분방, 개방성. 감정이 풍부, 독창성, 독자성, 강한 개성, 비협력성	예술적 창조 및 표현, 변화와 다양성을 좋아하고, 모호하고, 자유롭고, 상징적인 활동을 선호	예술가, 작곡가, 음악가, 무대감독, 작가, 배우, 디자이너 등
4유형	사회형	대중성, 친절성, 이해성, 봉사성, 감정적, 이상주의적	타인을 이해하고, 도와주고, 치료해주고, 봉사하는 활동에 흥미	사회복지가, 교육자, 간호사, 유치원교사, 종교지도자, 상담가 등
5유형	설득형	지배적, 통솔력·지도력, 다변성, 설득적, 경쟁적, 야심적, 외향적, 낙관적, 열성적	·조직의 목적과 경제적 이익, 계획·통제·관리하는 일 ·인정·권위를 얻는 활동을 선호	기업경영인, 정치가, 판사, 영업사원, 상품구매인, 보험회사원 등
6유형	관습형	정확성, 확실성, 조심성, 세밀성, 계획성, 비변화성, 완고적, 책임감성.	·자료의 기록, 정리, 조직하는 일 ·체계적인 작업환경에서 사무적, 계산적 능력을 발휘하는 활동을 선호	공인회계사, 은행원, 경리사원, 컴퓨터 프로그래머, 법무사 등

자료 : Holland의 RIASEC 재구성

3. 근로복지 연계정책 해외사례

오늘날 세계 각국은 사회 구성원의 적극적인 참여와 질서 속에 근로생활을 영위하고 있으며 이를 지원하기 위한 정책적 방안을 실행하고 있다. 미국의 필요 가족에 대한 일시적 지원인 TANF(Temporary Assistance for Needy Families) 정책, 영국의 New Deal 복지정책, 독일의 하르츠 개혁인 실업급여 II 정책 등 세계 각국은 자국의 국민들을 위해 다양한 취업패키지 프로그램을 운영하고 있다.

따라서 본 연구는 이론적 배경과 더불어 근로복지와 연계한 해외의 사례를 통해 연구의 진행 방안과 정책적 대안을 검토하여 국내의 취업성공패키지의 지속 가능한 방안을 제시하고자 한다.

(1) 미국의 TANF 제도

가. 추진 현황과 내용

미국의 빈곤가족 일시부조제도(Temporary Assistance for Needy Families : TANF)는 부양아동 가족부조(Aid to Families with Dependent Children : AFDC)를 보완하여 실행된 미국의 근로복지 정책으로 AFDC는 아동을 위한 경제적 지원을 목적으로, 아동을 양육하는 부모나, 친척에게 경제적 지원과 기타 서비스를 제공하는 것이다. 그러나 이 제도의 단점은 양육 보호자에게 현금 형태로 지원되어 아동에게는 직접적인 지원이 될 수 없었다. 또한 기준만 충족되면 기간과 관계없이 지속적으로 수급 대상이 증가하는 문제점이 있었다. 이를 보완하기 위해 클린턴 행정부에서는 근로를 조건으로 하는 TANF 제도를 체계화하게 되었다. TANF 제도가 정착되면서 수급대상자들은 정부의 지원을 받기 위해 직업훈련을 받아야 했다. TANF 제도가 체계화된 이후 수급자의 수는 10년 동안 50% 이상으로 줄어들고, 아동 빈곤율은 20%대에서 10%대로 떨어졌다. TANF 제도는 미국 사회복지 정책 역사상 가장 성공한 제도 중의 하나이다.

미국의 TANF의 목표는 ① 빈곤가정의 어린이들이 가정에서 제대로 자랄 수 있도록 도와주고, ② 수급권자들이 복지혜택은 점증적으로 줄이면서 장차 경제적으로 자립할 수 있도록 도와주고, ③ 비혼 가정의 비율증가를 줄이고, ④ 부모가 함께 자녀를 양육하는 가정이 많아지도록 하는 것이 최종 목표이다.

TANF 실시 이후 미국의 복지수급인구가 1996년 기준으로 2005년까지 5년간 대략 650만 명이나 줄어든 것으로 확인되었다. 2017년 말 현재 수급가구 수와 수급인원은 전체적으로 지속적인 감소추세에 있다[8].

---

8) 최윤희(2018), “미국의 공공부조법 TANF의 법리 연구”, 「우리의 공공부조법 개정에의 함의」, 일감법학.

나. 국내 취업성공패키지와의 연계성

미국의 TANF제도는 빈곤가정의 어린이들이 가정에서 부모가 함께 즐겁게 살 수 있도록 지원해 주는 일시적인 부조정책으로 국내 빈곤가정의 취업지원에 따른 일자리 창출과 실업률 감소에 긍정적인 연계방안을 검토할 수 있다.

표 5. TANF 연도별 수급가구 수와 수급인원[9)]

연 도	연도별 수급가구 수 (월평균)	연도별 수급인원 (월평균)	비 고
1994	5,032,632	14,160,920	
1995	4,790,749	13,418,386	
1996	4,434,160	12,320,970	
1997	3,740,179	10,375,993	
1998	3,050,335	8,347,136	
1999	2,554,069	6,824,347	
2000	2,215,388	5,778,034	
2001	2,103,852	5,359,180	
2002	2,048,204	5,069,010	
2003	2,023,778	4,928,878	
2004	1,978,512	4,748,011	
2005	1,893,617	4,468,966	
2006	1,776,520	4,148,498	
2007	1,673,620	3,896,830	

9) 최윤희(2018) 미국의 공공 부조법 TANF의 법리연구.

연 도	연도별 수급가구 수 (월평균)	연도별 수급인원 (월평균)	비 고
2008	1,633,011	3,795,007	
2009	1,769,119	4,154,366	
2010	1,910,680	4,402,921	
2011	1,845,638	4,363,000	
2012	1,722,974	4,016,608	
2013	1,612,283	3,712,912	
2014	1,476,278	3,406,751	
2015	1,299,751	3,010,016	
2016	1,174,471	2,678,012	
2017	1,072,409	2,426,200	

(2) 영국의 New Deal 제도

가. 추진 현황과 내용

영국의 New Deal 제도 사업은 토니 블레어 총리가 제시되었는데 이는 근로를 통하여 무상지원을 탈피하고 노동시장으로 편입시킨다는 내용이다. 초기 뉴딜제도는 18～24세 사이의 청소년 실업자를 대상으로 청소년 실업자와 장기실업자를 중심으로 한 근로연계 복지정책이었다. 청년 뉴딜 프로그램 참가는 의무적으로 일반취업, 환경근로, 자원봉사, 교육훈련 등 네 가지 옵션이 주어졌다.

1단계 뉴딜 사업을 성공적으로 수행하기 위해 첫째, 취업 우선 정책 강화와 효율성을 높이는 방안을 제시하고, 소외된 한부모 가정, 장애인, 장년 실업자들을 대상으로 고용과 급여 문제를 원스톱 서비스를 지원하는 Job Center Plus를 설치하였다. 둘째, 모든 수급자에게 의무적으로 취업과 관련된 면접을 실행하는 것이다.

뉴딜정책 초기(1998년~2000년)에는 Job Center Plus에 의해 주도되었고 위탁사업은 제한된 수준으로 진행되었다. 당시 뉴딜정책은 장기실업자를 다음과 같은 8가지 유형으로 구분하였다.

① 18-24세 청년 뉴딜(New Deal for Young People), ② 25세 이상 장년 뉴딜(New Deal for 25^{+}), ③ 50세 이상 노년 뉴딜(New Deal for 50^{+}), ④ 장애인 뉴딜(New Deal for Disabled People), ⑤ 한 부모가정 뉴딜(New Deal for Lone Parents), ⑥ 배우자 뉴딜(New Deal for Partners), ⑦ 음악인 뉴딜(New Deal for Musicians), ⑧ 실업률이 높은 지역사회를 위한 뉴딜(New Deal for Communities) 등이다.

또한 청년 뉴딜은 크게 3단계인 진입(Gateway), 옵션(Options), 사후관리(Follow-through) 등으로 구성된다. 여기서 Job Center Plus 개인상담가가 담당하며 옵션단계에서는 1년간의 학교교육이나 6개월간의 정부 임금보조 일자리 취업 및 현장훈련으로 진행된다.

사후관리단계는 13주간 진행되는데 추가상담과 직업알선

서비스를 통해 고용유지를 제공하고, 일반 기업은 옵션단계에서 정부 임금보조 일자리나 기술훈련을 제공하는 역할을 한다.

영국의 복지정책은 뉴딜정책 외에 1998년 시작된 고용촉진지역사업(Employment Zones)이 있다. 고용촉진지역사업은 1기부터 민간위탁사업으로 실시되며, 실업률이 높은 15개 지역의 지역특화 고용서비스사업이다. 사업대상은 18세-25세 청년, 한 부모가정까지 확대되었으며 고용촉진지역 거주 실업자는 일반 뉴딜사업 대신 이 사업에 참여해야 구직자 수당을 받을 수 있었다. 고용촉진지역사업은 일반 뉴딜과 달리 지역밀착형 사업으로 지역 민간단체에 5년간 위탁하여 기초면담을 제외한 상담, 직업훈련, 직업알선, 사후관리를 진행하고, 정부는 신청단체의 서비스 품질, 혁신성, 목표 취업률·고용유지율을 평가한다. 이러한 고용촉진지역사업은 뉴딜에 비해 성과가 높아서 이후 고용서비스 전면 위탁의 근거가 되었다.

한편 2000년 청년 뉴딜 참여자의 취업성공률이 60%로 높은 성과를 거두었지만, 이후 취업성공률이 30-40%대로 하락하였다. 또한, 취업성공자의 40%가 6개월 이내에 구직자 수당을 재신청하는 등 고용유지율이 매우 저조해 결국 2009년 10월, 기존의 청년 뉴딜, 장년 뉴딜, 고용촉진지역사업이 '유연 뉴딜(Flexible New Deal)'로 일원화되었다.

영국은 또한 2011년부터 워크 프로그램을 도입해 시행하고 있다. 워크 프로그램은 과거 실시했던 뉴딜정책, 고용촉진지역사업, 유연 뉴딜, 기타 다양한 서비스들을 통합한 원스톱 고용서비스이다.

따라서 워크 프로그램은 기존의 민간위탁 고용서비스의 특징이 고르게 반영되어 있다고 볼 수 있을 것이다.

나. 국내 취업성공패키지와의 연계성

영국의 고용복지정책 중 뉴딜 정책은 국내 취업성공패키지와 유사한 평가를 받고 있다. 초기에는 단계와 지원금에서 차이가 있었으나 점차 개정과 변화를 거듭하면서 현재의 취업성공패키지는 영국의 뉴딜과 비슷한 모습을 보이고 있다.

(3) 독일 실업급여 Ⅱ 정책(하르츠 개혁)

독일 실업급여 Ⅱ 정책인 하르츠 개혁은 독일에서 2003년부터 현재까지 개정과 개혁을 반복하면서 진행되고 있는 근로복지연계 개혁 정책이다. 하르츠 개혁은 독일 노동시장의 현대적 서비스를 위한 법률(Gesetz fur die moderne Dienstleistungen am Arbeitsmarkt)에 의해, 2003년에서 2005년까지 3년간 4단계에 걸쳐 일명, 2003년 하르츠 Ⅰ~2005년 하르츠 Ⅳ로 법제화되었다.

하르츠 개혁은 실업급여 수급기간 단축과 법 개정을 통해 추진된 적극적인 고용촉진 제도이다. 대상자의 심층 상담과 근로 능력 여부를 파악 및 직업소개서비스 기관 등 사업 시행자에게 개별적 수요에 따라 취업촉진을 할 수 있도록 유도하고, 직업교육을 받을 수 있도록 지원한다. 독일은 하르츠 개혁이 추진되면서 일자리 창출의 효과와 함께 실업률 감소의 성과를 보이고 있다

유로 스타트에 따르면 독일의 실업률이 2013년 4월을 기준으로 5.4%를 기록하고 있어 유럽의 평균 실업률인 12.5%에 비추어 최하 수준을 유지하고 있다.

그러나 하르츠 개혁으로 일자리를 창출하고 실업률은 감소하였지만, 실적 위주의 저임금의 질 낮은 일자리의 확대가 실질적 복지수준의 하락에 영향을 미치고 있다.

나. 국내 취업성공패키지와의 연계성

독일의 하르츠 개혁은 일자리 창출과 실업률 감소에 긍정적인 성과를 나타냈지만, 저임금의 질 낮은 일자리의 확대는 현재 우리나라에서도 심각한 문제로 대두되고 있는 비정규직의 급격한 확산에 따른 고용시장의 불균형과 실제적인 복지수준이 하락 등 부정적인 평가가 제기된다.

이를 감안할 때 독일의 하르츠개혁은 국내 취업성공패키지에 주는 영향이 밀접하다고 볼 수 있다.

(4) 프랑스 근로복지 연계정책

프랑스에서 공적 자금을 투입한 청년고용지원의 경우, 대

졸 청년보다는 생애 첫 노동시장에 진입하되 기술숙련도나 자격 없이 진입하는 청년들에게 초점을 맞추고 있다. 대학진학률이 높은 한국과 달리 대학진학률이 40% 미만인 프랑스의 경우, 청년실업률이 높지만 주된 실업층의 대상이 저학력 청년이거나 불어가 원활하지 않은 이민 청년들이기에 대졸 청년층을 대상으로 이루어지는 별도의 고용지원 정책은 찾아보기 어렵다.

프랑스도 청년 고용문제가 현안 과제로 대두되고 있으며 만 16세에서 26세까지 청년들이 졸업 후 취업이행 노력을 하고 있지만, 실업률이 15.9%로 높은 편이다. 하지만 졸업 후 6개월 이내의 취업률은 75%로 비교적 높게 나타나고 있다. 청년층의 취업이행이 쉽지 않아서 이에 대한 장애물 해소에 노력하고 있으며 청년층 프로파일링에서 출근거리의 장거리 여부, 주거 등을 장애요소로 확인되고 있다. 지원유형은 4가지인데 분류 기준은 ① 전혀 어려움이 없는 집단 ② 약간의 어려움은 있으나 독립적인 지원 가능 집단 ③ 주거 등 상당한 어려움이 있어 도움이 필요한 집단 ④ 사회적 문제 등 애로계층으로 나누어 지원한다. 4개 집단별 서비스 빈도수는 다르나 적어도 월 1회 이상 면담상담이 이루어지고 지속적인 관리를 통해 사후관리 지원을 한다. 지원방법은 잡 서치(job search), 교육훈련, 이력서 작성 및 면접 기술교육 등이며 지역단체와 후원기관 연결도 이루어진다.

2010~2014년 주요 파트너십 내용을 보면 16~25세 취업

지원을 강화하기 위하여 고용센터와 Missions Locales가 연합하여 청년 진단을 강화하고 두 기관이 연계하여 집중개입 강화, 공동프로젝트 운영 그리고 커뮤니케이션 강화(고용센터 - Missions Locales-국가기관)를 위해 노력하고 있다. 2015~2017년 계획에서 국가와 Missions Locales간 직접 체결한 협약(기본 3년)을 통해 1년 지출 예산 4,900만 유로를 청년실업 숫자 등을 고려, 차등 지급하고 Missions Locales는 전국 450개소에서 15만 명의 청년실업자를 집중관리 하도록 했다. 협약의 목적은 취업률을 높이는 데 있으며 전국 900개 고용센터에 중점적으로 이행토록 지시하고 있다. 또한 고용센터와 Missions Locales의 기관의 수가 달라 지역 특성(산간지역, 해변지역)을 고려하여 연계하도록 했다.

나. 국내 취업성공패키지와의 연계성

프랑스의 근로복지 연계 정책은 청년고용지원정책을 중심으로 다양한 정책이 추진되고 있으나, 청년 고용문제 해소에 사회적 문제로 대두되고 있다. 이는 국내 취업성공패키지 성공을 위해 프랑스 근로복지연계정책의 단점을 보완하여 청년층 취·창업 방안에 활용하도록 한다.

제3장

취업성공패키지 현황과 문제점

제3장 취업성공패키지 현황과 문제점

제1절 취업성공패키지 현황

1. 도입 배경

취업성공패키지사업은 저소득 취업취약계층의 개인별 취업활동계획에 따라 '진단·경로설정 → 의욕·능력증진 → 집중 취업알선'에 이르는 통합적인 취업지원 프로그램을 제공하고, 취업한 경우 '취업성공수당'을 지급함으로써 노동시장 진입을 체계적으로 지원하는 종합적인 취업지원체계이다[1].

또한 취업성공패키지사업은 '중위소득 60%이하'인 「차 차상위계층」 및 '중위소득 100%이하'인 「중·장년층」까지를 정책대상으로 설정하고 있어 취업취약계층 중 장기실직자, 여성, 고령자, 청년, 장애인 등 대상별로 특화된 기존 취업취약계층에 대한 고용지원 제도와는 달리 취업성공패키지는 부분

1) 김지희(2013), 「취업성공패키지 참여자들의 고용지원서비스 만족도 향상요인에 대한 분석」, 고용서비스연구 보고서.

적으로 이들을 포함하는 제도로써 다음과 같이 도입의 배경을 가지고 있다.

(1) 빈곤층의 지속적인 증가

1997년 말의 외환위기 이후 그림과 같이 연도별 소득계층의 비율[2)]을 보면 노동시장의 양극화 심화 등으로 중간층 비중이 지속적으로 줄어들고, 생계가 어려운 저소득층이 계속 증가하는 추세에 있으며, 특히 전체 가구의 1/3이 빈곤위험에 직면해 있는 상황에서 빈곤문제는 사회통합의 중대한 위험요인으로 대두되고 있는 상황이다.

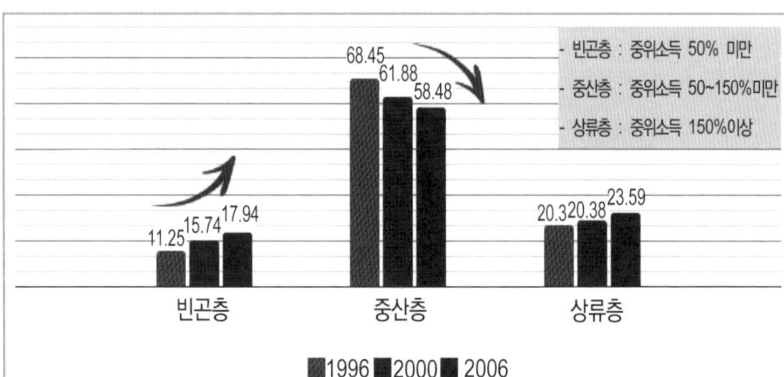

그림 7. 연도별 소득계층 비율 현황(%)

2) 고용노동부(2019), 취업성공패키지 성과분석.

(2) 근로 빈곤층에 대한 일자리 지원 중요성

빈곤문제 해결할 수 있는 가장 중요한 정책으로 일자리제공에 대한 중요성이 증대되었다. 근로 능력이 있는 빈곤층을 대상으로 고용지원제도를 좀 더 체계적이고 포괄적인 제도가 요구되고, 고용보험미가입자, 영세 자영업자 등 고용보험제도와 자활사업 등 국민기초생활보장제도 등으로는 포괄하지 못하는 사각지대가 존재하므로 이에 대한 일자리 지원의 중요성이 대두된다.

(3) 국가적 과제가 된 고용률 제고

OECD 국가들은 고령화, 저출산 시대를 맞아 고용률(15~64세) 증진이 국가적 과제로 대두되고 있다. 특히 노동시장에 빈 일자리와 연계한 미취업자에 대한 일자리매칭이 필요하게 되었다.

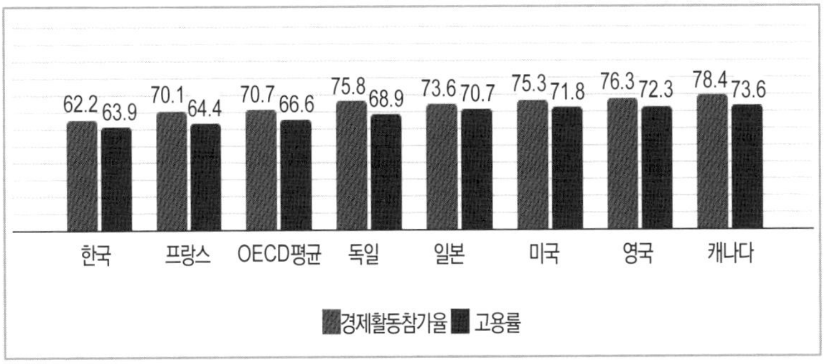

그림 8. 주요 OECD 국가의 경제활동 참가율 및 고용률

2. 취업성공패키지 현황

(1) 사업 개요

미취업 구직자를 대상으로 진단·의욕 제고(1단계), 직업능력 개발(2단계), 취업 알선(3단계)을 맞춤형으로 제공한다. 1단계에서는 진로상담, 취업역량·직업심리 검사, 개인별 취업지원계획(IAP)을 수립한다. 2단계에서는 직업훈련, 일 경험, 해외 취업 등 직업능력 향상 과정에 참여한다. 3단계에서는 취업알선, 이력서·면접 상담 등 구직기술 향상, 동행면접 등을 수행한다.

지원 대상은 만 18~69세 저소득 구직자 및 미취업 청·장년 등이며, Ⅰ유형은 고용센터에서 실시하며 기초생활수급자, 중위소득 60% 이하 가구원 및 특정계층[3] 등이 이에 속한다. Ⅱ유형은 민간위탁으로 실시되며 청년(18~34세, 소득 무관) 및 중장년(35~69세, 중위소득 100% 이하) 등이 포함된다. 이들을 대상으로 단계별 취업지원 과정과 구직 촉진을 위한 수당을 지원한다.

---

3) 북한이탈주민, 여성가장, 위기청소년(15~24세), 신용회복지원자, 노숙자, 결혼이민자 등.

표 6. 취업성공패키지 단계별 내용

구분	1단계 (상담·진단)	2단계 (직업능력향상)	3단계 (취업알선)
패키지 I	• 3주~1개월 • 참여수당 최대 25만 원	• 최장 8개월 • 훈련비 300만 원 (내일배움카드, 자부담 최대 10%) • 참여수당 최대 40만 원(6개월)	• 최장 3개월 • 취업성공 시 최대 150만 원 지급 • 저소득층 구직 촉진수당 30만 원, 최대 3개월
패키지 II	• 1주~1개월 • 참여수당 최대 20만 원	• 최장 8개월 • 훈련비 200만 원 (내일배움카드, 자부담 5~70%) • 참여수당 최대 40만 원(6개월)	• 최장 3개월

자료 : 한국고용정보원(2017), 취업성공패키지 성과분석과 민간위탁사업 발전방안

(2) 사업 추진 방향

취업성공패키지사업의 추진방향은 사업 참여자에게 안정적인 일자리를 제공할 수 있도록 체계적인 지원을 설정하고 있다. 따라서 취업성공 패키지사업은 1년 범위 안에서 아래와 같이 총 3단계의 과정을 통해 취업지원 프로그램을 제공한다.

① 추진방향 1 : 지원대상자에 대한 개인별 취업지원 관리 강화

② 추진방향 2 : 단계별 통합적인 취업지원 서비스를 제공

③ 추진방향 3 : 취업성공수당 지급을 통해 취업촉진 도모

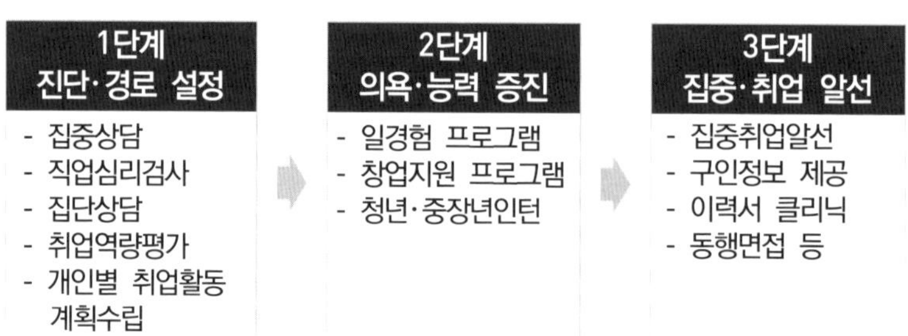

그림 9. 취업성공패키지 단계별 지원내용

(3) 사업 추진 실적

국내 취업성공패키지사업은 2009년 세계적인 금융 위기 직후 저소득 구직자의 취업을 지원하기 위해 출발한 사업으

로 2018년까지 10년간의 지원 인원이 200만 명, 취업자는 115만 명을 초과하는 양적·질적으로 성장한 취업 복지사업이다. 지원 대상도 2009년 중위소득 60% 이하 가구원 → 2011년 만 34세 이하 청년 → 2012년 만 35~64세 중장년 → 2017년 만 65~69세 중장년으로 확대되었다.

취업성공패키지 사업의 질적 성장으로 취업률과 고용유지율(6개월, 12개월)이 지속적으로 높아졌으며 취업성공패키지 사업 참여자의 2018년 취업률 64.9%는 4년제 대학 졸업자 평균취업률인 62.3%보다 2.3% 높은 것으로 확인되었다.

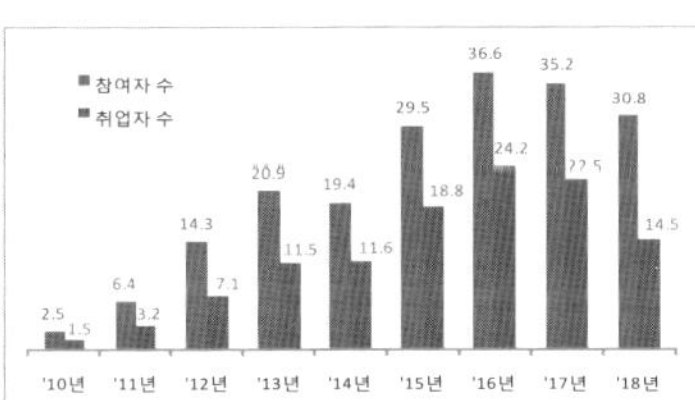

취업성공패키지 참여자 및 취업자수(만명)

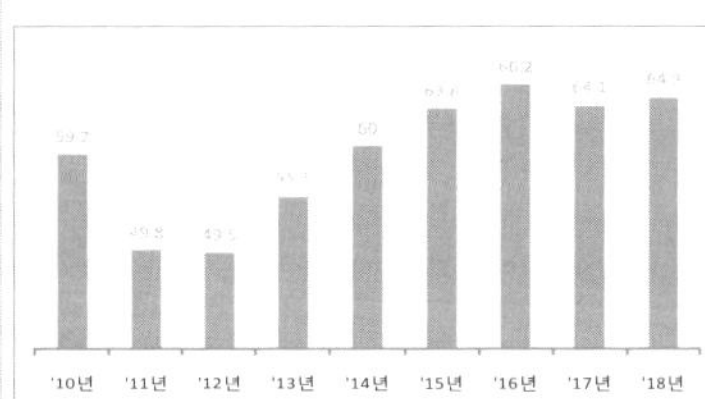

취업률(%)

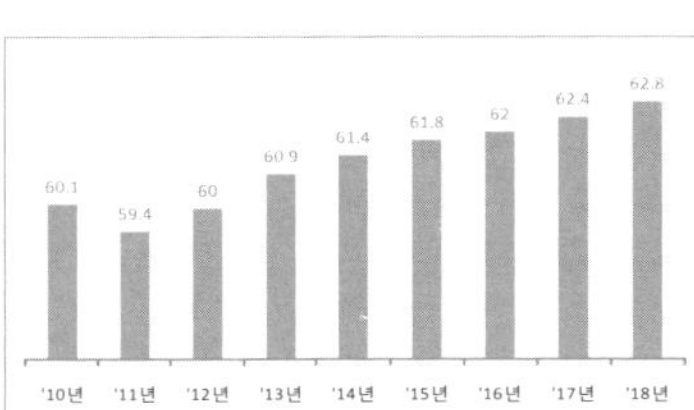

6개월 이상 고용유지율(%)

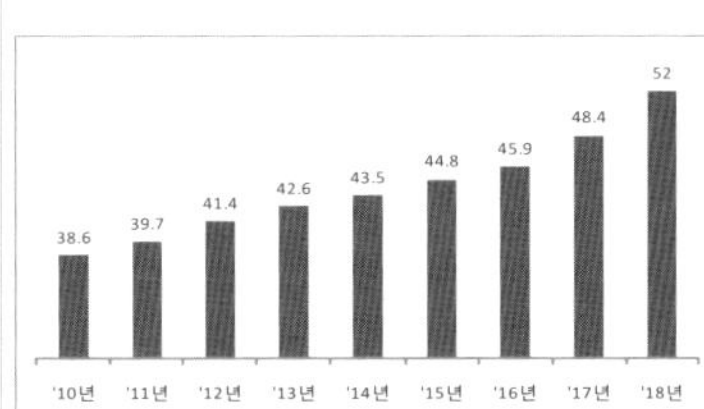

12개월 이상 고용유지율(%)

그림 10. 취업성공패키지 연도별 현황

표 7. 취업성공패키지 참여인원 및 취업인원 현황(2010년~2018년)

구분		참여 인원	종료 인원	취업 인원	취업률	고용유지율	
						6월	1년
2010		25,230	25,225	14,927	59.2	60.1	38.6
2011		63,967	63,952	31,822	49.8	59.4	39.7
2012	계	143,249	143,243	70,869	49.5	60.0	41.4
	저소득층	76,418	76,414	37,338	48.9	60.1	40.0
	청 년 층	41,573	41,572	22,660	54.5	60.6	44.2
	중장년층	25,258	25,257	10,871	43.0	58.6	40.4
2013	계	208,775	208,772	115,028	55.1	60.9	42.6
	저소득층	102,721	102,721	52,573	51.2	61.5	41.4
	청 년 층	70,034	70,033	43,585	62.2	60.6	44.2
	중장년층	36,020	36,018	18,870	52.4	59.4	42.5
2014	계	193,745	193,736	116,259	60.0	61.4	43.5
	저소득층	106,986	106,978	61,966	57.9	61.7	41.9
	청 년 층	68,262	68,262	43,428	63.6	61.4	45.6
	장 년 층	18,497	18,496	10,865	58.7	59.7	43.7
2015	계	295,402	295,391	188,324	63.8	61.8	44.8
	저소득층	137,331	137,320	78,962	57.5	61.6	42.9
	청 년 층	133,472	133,472	93,865	70.3	62.2	46.5
	장 년 층	24,599	24,599	15,497	63.0	60.1	43.6
2016	계	366,158	366,087	242,395	66.2	62.0	45.9
	저소득층	145,369	145,319	85,793	59.0	62.2	43.9
	청 년 층	192,727	192,709	138,070	71.6	62.1	47.2
	장 년 층	28,062	28,059	18,532	66.0	61.0	44.9
2017	계	352,132	351,605	225,348	64.1	62.4	48.4
	저소득층	129,881	129,555	72,352	55.8	62.4	47.0
	청 년 층	198,697	198,540	138,383	69.7	62.9	49.8
	중장년층	23,554	23,510	14,613	62.2	56.8	40.1
2018	계	308,290	223,388	144,933	64.9	62.8	52.0
	저소득층	104,248	66,739	36,765	55.1	63.5	52.6
	청 년 층	187,052	144,445	100,862	69.8	63.0	52.3
	중장년층	16,990	12,204	7,306	59.9	57.5	41.7

자료 : 고용노동부(2019), 취업성공패키지 성과분석

제2절 취업성공패키지의 문제점

1. 취업성공패키지의 문제점

취업성공패키지는 저소득층 구직자를 대상으로 취업성공 프로그램을 연계하여 참여자 유형별 취업취득에 노력하고 있으나, 취업성공패키지의 지속성 여부와 지원 규모 등 다음과 같은 문제점이 나타나고 있다.

첫째, 취업성공패키지 사업의 지원규모가 매년 불규칙하며, 사업의 지속성 여부 등 관련 법 규정의 미흡으로 구직자와 민간위탁 기관 등 운영 주체의 불확실성이 있다. 따라서 민간위탁기관을 활성화시키기 위해서는 고용서비스 인프라를 우선적으로 확충하는 정책이 수반되어야 한다.

둘째, 일부 제한적인 취업 지원 프로그램으로 참여자의 상담만족도가 낮게 나타나고 있다. 전문적인 상담원 발굴과 좋은 일자리를 연계해주는 취업알선 등 상담의 질적 향상, 고용과 복지를 연계시키는 체계적인 시스템 구축, 일 경험 등 다양한 취업 프로그램 개발이 필요하다.

셋째, 저소득 구직자를 위한 소득지원이 시스템이 개발이 미흡하다. 현재 구직자가 직업훈련 기간에는 '훈련 참여 지원수당'이 지급되고 있으나, 평소 구직활동 기간에는 별도의 소득지원이 없기 때문에 저소득 구직자로서는 구직활동에 전념하기 어렵고, 좋은 일자리에 취업할 가능성이 낮아지고 있다.

이에 본 연구에서는 취업성공패키지 참여자의 취업성공패키지사업의 단계별 제공 서비스의 만족도 분석을 통해 취업성공패키지사업 참여자의 특성을 고려한 취업서비스 제공을 통해 좋은 취업성공패키지사업 참여자의 만족도를 높이고자 한다.

2. 취업성공패키지의 발전 방향

취업성공패키지 사업을 획기적으로 개선할 수 있도록 '한국형 실업부조'를 국정과제로 도입하여 다양한 서비스를 제공하려고 계획하고 있다. 2018년에는 「경제사회노동위원회」에서 취업성공패키지 사업을 조속한 시일 내에 도입하기로 했고, 2019년에는 한국형 실업부조의 기본 틀을 완성하기 위해 각계각층의 의견을 수렴하고 있다.

또한, 2020년까지 '구직촉진수당'을 개설하여 구직자의 생계안정과 프로그램의 성공적인 제도운영을 위해 법률제정과 기반 구축 등을 진행하고 있다.

제4장

취업지원서비스 만족도 조사

제4장
취업지원서비스 만족도 조사

제1절 설문의 구성

1. 설문지 구성 현황

본 연구에서는 2장의 이론적 배경 및 선행연구고찰을 통해 서비스 만족도 및 취업성공패키지사업의 만족도 등 관련 기존문헌고찰을 통해 수집한 자료를 종합하여 설문지를 구성하였다. 취업성공패키지사업의 참여자의 취업지원서비스 만족도를 분석하기 위하여 참여자특성(연령, 성별, 학력, 취업성공패키지참여기관 등), 취업지원서비스(초기상담, 직업선호도검사, 취업지원계획, 직업훈련서비스, 집중취업알선 등) 직업상담사특성, 참여수당 등의 항목으로 설문지를 구성하였다. 설문지의 자세한 구성항목은 다음의 표와 같다.

2. 종속변수

본 연구는 취업성공패키지 참여자의 취업서비스만족도에

미치는 영향에 대한 연구로 취업성공패키지사업에서 제공하는 취업지원서비스의 단계별 만족도를 확인하기 위하여 취업지원서비스의 만족도를 초기상담서비스, 직업선호도검사, 취업지원계획, 직업훈련서비스, 집중취업알선서비스, 직업상담사역량, 참여수당에 대한 만족도를 종속변수로 설정하였으며, 취업성공패키지사업의 전체적인 만족도에 영향을 미치는 요인을 확인하기 위하여 참여자의 전체적인 만족도를 설문문항에 포함하였다.

표 8. 취업지원서비스 만족도 항목

항 목	주 요 내 용
초기 상담 서비스	· 지원대상자와 직업상담사가 초기상담을 통하여 취업 이력과 취업 역량 등 직업과 관련한 지원대상자의 개인 정보 파악(충분한 안내, 상담시간 배정, 상담내용 이해 등)
직업 선호도 검사	· 개인의 직업이나 진로선택을 돕기 위해 구직자들의 직업 흥미, 성격 등을 측정하는 검사로서 자신의 현재 모습을 정확하게 평가하고 미래에 스스로 만족하거나 성공할 수 있는 직업을 탐색하고 선택(결과해석, 상담사역량, 구직자의 특성 이해 등)
취업 지원 계획	· 초기상담 및 구직등록과 직업심리검사를 통하여 집중상담 과정을 거쳐서 개인별 취업지원계획 수립(시간배정, 작성 안내, 상담사도움)
직업 훈련 서비스	· 개인별로 차별화된 취업지원계획에 따라 '집단상담, 직업훈련, 디딤돌 일자리 및 창업지원, 일 경험 지원'등의 취업지원 프로그램을 제공하여 취업역량 증진(훈련정보, 연계기관적절성, 참여기간 등)
집중 취업 알선	· 직업정보제공, 적정 구인 처 확인, 취업상담 및 동행면접 실시 · 민간기관에 위탁한 대상자의 취업알선 상황 확인(취업정보제공, 취업 시기, 취업정보 횟수, 클리닉지원서비스, 동행면접서비스 등)
직업 상담사	· 참여자의 맞춤형 상담, 직업선호도검사, 취업지원계획수립 지원 등의 취업지원서비스 제공을 통해 참여자의 구직활동 지원(전문지식, 상담태도, 업무처리, 취업알선매칭, 면접코칭 등)
참여 수당	· 취업성공패키지 참여자로서 단계별 수료자 및 일정요건을 충족한 참여자에게 식비 및 교통비 지원차원에서 지급하는 비용(1단계, 2단계, 3단계, 취업성공수당 등)

제2절 연구의 모형 및 가설

1. 연구의 모형

본 연구에서는 취업성공패키지사업 참여자의 취업지원 서비스 만족도에 미치는 영향을 분석하고자 다음과 같이 연구의 모형 및 가설을 설정하였다.

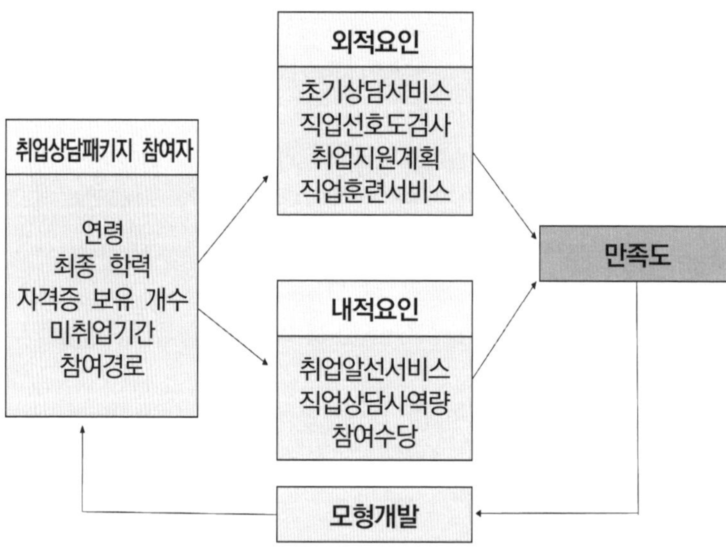

그림 11. 연구 모형도

2. 연구의 가설

H_1 : 취업성공패키지사업 참여자의 연령에 따라 취업지원서비스(초기상담서비스, 직업선호도검사, 취업지원계획, 직업

훈련서비스, 취업알선서비스, 직업상담사역량, 참여수당) 만족도에 긍정적인 영향을 미칠 것이다.

H_2 : 취업성공패키지사업 참여자의 최종 학력에 따라 취업지원서비스(초기상담서비스, 직업선호도검사, 취업지원계획, 직업훈련서비스, 취업알선서비스, 직업상담사역량, 참여수당) 만족도에 긍정적인 영향을 미칠 것이다.

H_3 : 취업성공패키지사업 참여자의 보유자격증 개수에 따라 취업지원서비스(초기상담서비스, 직업선호도검사, 취업지원계획, 직업휴려서비스, 취업알선서비스, 직업상담사역량, 참여수당) 만족도에 긍정적인 영향을 미칠 것이다.

H_4 : 취업성공패키지사업 참여자의 미취업기간에 따라 취업지원서비스(초기상담서비스, 직업선호도검사, 취업지원계획, 직업훈련서비스, 취업알선서비스, 직업상담사역량, 참여수당) 만족도에 긍정적인 영향을 미칠 것이다.

H_5 : 취업성공패키지사업 참여자의 참여경로에 따라 취업지원서비스(초기상담서비스, 직업선호도검사, 취업지원계획, 직업훈련서비스, 취업알선서비스, 직업상담사역량, 참여수당) 만족도에 긍정적인 영향을 미칠 것이다.

본 연구에서는 취업성공패키지 서비스 만족도에 미치는 항목에 대한 가설을 확인하기 위하여 요인분석, 교차분석, 다중회귀분석 등을 시행하여 만족도에 미치는 항목을 점검하였다. 본 연구에서는 유의수준 $p<.05$서 검증하였으며, 통계분석을 위하여 SPSS 통계프로그램을 사용하였다.

제3절 설문개요

1. 설문지 구성 항목

본 연구에서는 사용하는 설문지 구성항목은 아래 표와 같다.

표 9. 설문지 구성 현황

구분	변수 명	내 용
참여자 특성	참여자특성	성별, 연령, 최종 학력, 보유자격증
	취업기간	미취업기간
	취업성공패키지	만족도, 참여기간, 참여경로, 참여기관, 참여지역
취업 지원 서비스	초기상담서비스	만족도, 시간배분, 상담내용, 진로결정
	직업선호도검사	만족도, 상담사 전문성, 이해용이성, 진로결정, 전달력
	취업지원계획	만족도, 시간배정, 작성안내, 작성도움
	직업훈련서비스	만족도, 진로결정, 훈련 기관연계, 참여기간, 취업도움
	집중취업알선	만족도, 취업도움, 취업희망시기, 정보횟수, 클리닉서비스, 면접동행서비스
상담사 역량	직업상담사	전문성, 소통력, 업무처리능력, 정보제공력, 면적코칭, 상담사역량
	참여수당	1단계, 2단계, 3단계, 취업성공수당, 만족도

2. 설문방법

본 연구에서는 취업성공패키지 사업 참여자 만족도 조사를 위해 전라남도 취업성공패키지 민간위탁 기관과 협조하여 참여자 중 취업에 성공한 사람을 대상으로 온라인(구글 설문) 및 오프라인(직접작성) 설문 참여를 병행하여 진행하였다. 본 연구에서는 설문지의 신뢰도를 높이기 위하여 민간위탁기관에서 직업상담사로 근무 중인 상담원을 대상으로 파일럿 테스트를 진행하였다. 전라남도 취업성공패키지 민간 위탁기관의 경우 취업자 개인정보 제공 등의 사유로 협조가 되지 않아 일부 위탁기관에서 취업성공패키지 프로그램에 참여한 취업자는 배제하였다.

3. 설문대상 및 시기

취업성공패키지사업 참여자의 서비스만족도를 분석하기 위하여 2019년 7월 16일부터 31일까지 총 16일간 Google에서 제공하는 설문프로그램을 이용하여 온라인설문조사를 진행하였고, 취업성공패키지 민간위탁 기관의 협조를 받아 민간위탁에 방문한 취업자를 대상으로 설문지 작성하였다. 금번 연구에서는 총 325명의(온라인 170명, 오프라인 155명) 이용자가 설문에 참여했고, 이 가운데 불성실 응답지로 분류된 33부를 제외한 292부를 취업성공패키지사업 참여자의 서비스만족도 분석용으로 사용하였다.

4. 설문응답자 일반현황

(1) 응답자 현황

취업성공패키지사업 참여자의 서비스만족도 분석을 위한 설문조사 응답자 현황은 다음의 표와 같다. 유효응답자 292명 가운데 여성이 183명으로 전체 62.7%를 차지하였다. 응답자 연령으로는 29세 미만이 144명으로 49.3%를 차지하는 것으로 확인되었다. 응답자의 최종 학력은 대학교 졸업자가 187명으로 전체의 64.0%를 차지하였고, 다음으로 고등학교 졸업자가 전체의 27.1%를 차지하였다. 응답자의 거주지역은 목포가 197명으로 67.5%를 차지하였고, 설문에 응답자의 42.5%가 자격증을 3개~4개를 보유하는 것으로 조사되었다. 또한, 전체의 95% 이상이 자격증을 1개 이상 보유하고 취업성공패키지 사업에 참여하고 있는 것으로 확인되었다.

표 10. 취업성공패키지 설문응답자 현황

구	분	내용	빈도수	비율(%)
응답자 현황	성별	남자	109	37.3
		여자	183	62.7
		소계	292	100.0
	연령	29세미만	144	49.3
		30세~39세	55	18.8
		40세~49세	56	19.2
		50세 이상	37	12.7
		합계	292	100.0
	최종 학력	초등학교	2	0.7
		중학교	16	5.5
		고등학교	79	27.1
		대학교	187	64.0
		대학원	8	2.7
		소계	292	100.0
	거주 지역	목포	197	67.5
		무안	37	12.7
		영암	14	4.8
		해남	11	3.8
		함평	12	4.1
		진도	3	1.0
		장흥	1	0.3
		신안	1	0.3
		기타	16	5.5
		소계	292	100.0
	자격증 보유	0개	12	4.1
		1개~2개	97	33.2
		3개~4개	124	42.5
		5개~6개	36	12.3
		7개 이상	23	7.9
		소계	292	100.0

표 11. 설문응답자 취업성공패키지 참여 현황

구	분	내용	응답자수	응답비율
응답자 참여현황	미취업 기간	3개월 미만	86	29.5
		3개월 이상~6개월 미만	76	26.0
		6개월 이상~12개월 미만	59	20.2
		12개월 이상~24개월 미만	55	18.8
		24개월 이상	16	5.5
		소 계	292	100.0
	참여 기관	내일엔 목포	73	25.0
		내일엔 목포대	25	8.6
		내일엔 해남	9	3.1
		목포여성인력개발센터	87	29.8
		중앙잡커리어	12	4.1
		케이잡스	4	1.4
		국제성공취업센터	13	4.5
		기타	69	23.6
		소 계	292	100.0
	참여 경로	대중매체	24	8.2
		온라인	32	11.0
		지인가족소개	174	59.6
		유관기관추천	33	11.3
		기타	29	9.9
		소 계	292	100.0
	참여 기간	3개월 미만	75	25.7
		3개월 이상~6개월 미만	105	36.0
		6개월 이상~12개월 미만	78	26.7
		12월 이상~24개월 미만	30	10.3
		24개월 이상	4	1.4
		소 계	292	100.0

설문응답자의 취업성공패키지사업 참여 현황은 미취업기간이 3개월 미만이 86명으로 전체의 29.5%를 차지하였으며, 다음으로 6개월 미만이 전체의 26.0% 차지하는 것으로 확인되었다. 취업성공패키지사업의 참여경로는 전체의 59.6%인 174명이 지인가족 소개로 취업성공패키지사업에 참여하는 것으로 확인되었고, 참여기간은 전체의 60% 이상이 6개월 미만인 것으로 조사되었다.

제4절 취업성공패키지 만족도 분석

1. 신뢰도 분석

변수 간의 타당성과 신뢰도를 확인하기 위해 신뢰도 분석을 실시하였다. 신뢰도란 측정도구가 측정하고자 하는 현상을 일관성 있게 측정하는 능력을 의미한다. 어떤 측정 도구를 동일한 현상에 반복 적용하여 동일한 결과를 얻게 되는 정도를 그 측정도구의 신뢰도라 한다. 본 연구의 설문 문항들 간에 내적 일관성에 대한 신뢰성이 존재하는가를 확인하기 위해 Cronbach's α 라는 신뢰성 척도 값을 계산하여 확인하였다[1]. 일반적으로 Cronbach's α[2] 값이 0.6 이상일 때 비교적 신뢰성이 높다고 판단한다. 본 연구에서는 신뢰성을 검정하기 위하여 전체항목과 구성요소(하위영역)별로 크론 알파(Cronbach's α) 계수를 이용하였다. 각 요인에 대한 신뢰도를 알아보기 위하여 취업성공패키지사업 참여자를 대상으로 만족도를 분석결

---

1) 내적일치도 방법에 의한 신뢰도 측정은 보통 Cronbach's α 값으로 나타내며, 계산식은 다음과 같다. Cronbach's $\alpha = \frac{N}{N-1}\left(1-\frac{\Sigma\sigma_i^2}{\sigma_t^2}\right)$, 여기서 N은 문항수, σ_t^2는 총문산, σ_i^2는 각 문항의 분산을 의미한다. 즉, Cronbach's α 값은 각 항목들의 등분산성과 등공분산성의 가정하에서 계산된다.

2) 크론바하 알파계수(Cronbach's α): 검사의 신뢰도 추정방법에 따라 검사-재검사 신뢰도 계수, 동형검사 신뢰도계수, 반분검사 신뢰도 계수가 주가 되고, 이외에 쿠더-리처드슨 신뢰도 계수, 호이트 및 룰론 신뢰도계수 및 쿠더-리처드슨 신뢰도계수의 일반화로서 크론바하의 알파계수 등이 있다.

과 신뢰도는 Cronbach's α=.942이었으며, 항목별 Cronbach's α는 .938~.952로 전체적으로 높게 나타났다.

본 연구의 경우 문항 설계가 취업성공패키지사업 참여자의 취업지원서비스 만족도를 조사하는데 일치성을 가지고 있다고 할 수 있다. 신뢰도는 다음과 같다.

표 12. 신뢰도 분석

구 분	문항수	Cronbach's α
신뢰도 계수	46	0.942

표 13. 척도별 신뢰성 분석

척 도	문항분석		항목-전체 상관관계	신뢰도
	평균	표준편차		항목제거시 Cronbach's α
연령대	1.95	1.093	-.221	.945
연령대별	1.63	.485	-.053	.943
최종 학력	3.63	.664	.195	.942
자격증 보유 개수	2.87	.959	.048	.943
미취업기간	2.45	1.244	-.094	.945
거주 지역	2.09	2.275	-.174	.952
취업성공패키지사업 참여 기관	4.20	2.624	.094	.951
취업성공패키지사업 참여 경로	3.04	.975	-.010	.944
취업성공패키지사업 참여 기간	2.26	.998	-.091	.944

척 도		문항분석		항목-전체 상관관계	신뢰도
		평균	표준편차		항목제거시 Cronbach's α
초기상담 서비스 지원	초기상담안내	4.53	.752	.797	.939
	상담시간배분	4.49	.831	.820	.939
	상담내용	4.51	.867	.729	.939
	상담이 진로 결정에 도움	4.50	.910	.826	.938
해석 서비스 지원	직업선호도 등 만족도	4.43	.832	.788	.939
	상담사의 전문성 만족도	4.50	.895	.835	.938
	구직준비도 해석서비스	4.50	.810	.807	.939
	직업선호도검사 이해	4.48	.859	.813	.939
	직업선호도 해석 진로	4.44	.912	.805	.939
	직업선호도 해석서비스	4.45	.894	.830	.939
취원지원 계획수립 지원	전체적인 만족도	4.47	.805	.815	.939
	시간배정 적절만족도	4.45	.834	.778	.939
	적성안내 설명만족도	4.49	.827	.813	.939
직업훈련 서비스 지원	전체적인 만족도	4.59	.710	.774	.939
	직업훈련 결정 도움	4.47	.887	.832	.939
	훈련기관 연계 적절	4.51	.771	.770	.939
	직업훈련 참여기간 적절	4.45	.825	.741	.939
	취업에 도움	4.55	.770	.772	.939
집중 취업알선 서비스	전체적인 만족도	4.56	.769	.831	.939
	제공된 취업정보 도움	4.48	.810	.800	.939
	채용정보 적합	4.42	.925	.806	.939
	채용정보 횟수 만족	4.37	1.002	.810	.938
	클리닉 서비스 만족	4.39	1.028	.756	.938
	면접동행 서비스 만족	4.50	.883	.791	.939

척 도		문항분석		항목-전체 상관관계	신뢰도
		평균	표준편차		항목제거시 Cronbach's α
직업 상담사	전문 지식	4.56	.799	.744	.939
	상담태도	4.50	.875	.804	.939
	업무처리 능력	4.54	.826	.799	.939
	정보제공 및 취업알선	4.56	.825	.784	.939
	면접코칭 만족	4.52	.810	.761	.939
	역량이 취업성공에 영향	4.53	.810	.697	.939
프로그램 참여수당	1단계 참여수당	4.13	1.168	.714	.939
	2단계 참여수당	4.11	1.163	.677	.939
	3단계 참여수장	4.01	1.227	.727	.939
	취업성공수당	4.17	1.106	.766	.939
	참여수당 만족도	4.13	1.093	.766	.938
가장 도움이 되었던 서비스		3.93	2.087	-.079	.949
취업성공패키지의 전체적인 만족도		4.43	.781	.800	.939

2. 교차분석을 활용한 만족도 분석

(1) 참여자 연령에 따른 취업지원서비스별 만족도 분석 결과

참여자 연령에 따른 초기상담서비스 만족도 분석결과 초기상담안내에 대한 만족도, 상담시간배분에 대한 만족도, 상담내용에 대한 만족도에서 연령이 낮을수록 취업지원서비스에 대한 만족도가 높은 것으로 확인되었다. 이는 유의수준($p<.05$) 내에서 통계적으로 만족도에 유의한 차이가 나는

것으로 분석되었다.

표 14. 연령에 따른 초기상담서비스에 대한 만족도 분석결과

		매우 불만족	불만족	보통	만족	매우 만족	만족도	카이 제곱	자유도	P-Value
초기 상담 안내	29세 미만	1	1	9	26	107	4.65	23.5	12	.023
	30세~39세	0	0	5	9	41	4.65			
	40세~49세	0	2	9	16	29	4.29			
	50세 이상	0	0	8	11	18	4.27			
전체		1	3	31	62	195	4.53			
상담 시간 배분	29세 미만	1	7	6	18	112	4.62	37.2	12	.000
	30세~39세	0	0	6	14	35	4.53			
	40세~49세	0	1	11	13	31	4.32			
	50세 이상	0	0	11	8	18	4.19			
전체		1	8	34	53	196	4.49			
상담 내용 적절	29세 미만	4	2	8	16	114	4.63	40.1	12	.000
	30세~39세	0	0	7	12	36	4.53			
	40세~49세	0	5	9	8	34	4.27			
	50세 이상	0	0	4	14	19	4.41			
전체		4	7	28	50	203	4.51			

표 15. 연령에 따른 직업선호도검사서비스에 대한 만족도 분석결과

		매우 불만족	불만족	보통	만족	매우 만족	만족도	카이제곱	자유도	P-Value
검사 만족도	29세 미만	1	2	16	21	104	4.56	25.1	12	.014
	30세~39세	0	1	5	12	37	4.55			
	40세~49세	0	2	14	13	27	4.16			
	50세 이상	0	0	9	13	15	4.16			
	전체	1	5	44	59	183	4.43			
결과 해석 진문성	29세 미만	5	1	9	18	111	4.59	22.9	12	.028
	30세~39세	0	1	8	8	38	4.51			
	40세~49세	0	3	9	8	36	4.38			
	50세 이상	0	0	9	6	22	4.35			
	전체	5	5	35	40	207	4.50			
구직 검사 취업 도움	29세 미만	1	2	14	18	109	4.61	26.5	12	.009
	30세~39세	0	0	6	12	37	4.56			
	40세~49세	0	3	13	7	33	4.25			
	50세 이상	0	0	5	13	19	4.38			
	전체	1	5	38	50	198	4.50			
검사 진로 결정 도움	29세 미만	4	2	13	17	108	4.55	24.6	12	.017
	30세~39세	0	1	7	12	35	4.47			
	40세~49세	1	0	17	8	30	4.18			
	50세 이상	0	1	6	9	21	4.35			
	전체	5	4	43	46	194	4.44			
검사 이해	29세 미만	4	2	13	19	106	4.53	25.8	12	.012
	30세~39세	0	1	5	10	39	4.58			
	40세~49세	0	3	14	10	29	4.16			
	50세 이상	0	0	6	11	20	4.38			
	전체	4	6	38	50	194	4.45			

참여자 연령에 따른 구직선호도검사에 대한 만족도 분석결과 검사만족도, 결과해석 전문성, 취업도움에 대한 만족도, 진로결정에 대한 만족도, 검사이해에 대한 만족도 부분에서 연령이 낮을수록 취업지원서비스에 대한 만족도가 높은 것으로 확인되었다. 이는 유의수준(p<.05) 내에서 통계적으로 만족도에 유의한 차이가 나는 것으로 분석되었다.

표 16. 연령에 따른 취업지원계획수립에 대한 만족도 분석결과

		매우 불만족	불만족	보통	만족	매우 만족	만족도	카이 제곱	자유도	P-Value
IAP 작성 안내	29세 미만	1	4	10	26	103	4.57	22.2	12	.035
	30세~39세	0	0	6	10	39	4.60			
	40세~49세	0	2	15	6	33	4.25			
	50세 이상	0	1	5	11	20	4.35			
전체		1	7	36	53	195	4.49			

참여자 연령에 따른 취업지원계획수립에 대한 만족도 분석결과 IAP작성안내에 대한 만족도 30대(4.60)로 가장 높고 다음으로 29세 미만으로 확인되었다. 이는 유의수준(p<.05) 내에서 통계적으로 만족도에 유의한 차이가 나는 것으로 확인되었다.

IAP 시간배정 및 IAP 만족도에 대한 부분에서 전반적으로 연령이 낮을수록 만족도가 높은 것으로 확인되었지만 이는 유의수준(p<.05) 내에서 통계적으로 만족도에 유의한 차이가

나지 않은 것으로 확인되었다.

표 17. 연령에 따른 직업훈련서비스에 대한 만족도 분석결과

		매우 불만족	불만족	보통	만족	매우 만족	만족도	카이 제곱	자유도	P-Value
직업 훈련 정보 도움	29세 미만	4	1	13	15	111	4.58	39.8	12	.000
	30세~39세	0	0	3	12	40	4.67			
	40세~49세	0	5	9	13	29	4.18			
	50세 이상	0	1	8	11	17	4.19			
	전체	4	7	33	51	197	4.47			
훈련 기간 적절	29세 미만	1	1	13	23	106	4.61	32.3	12	.001
	30세~39세	0	1	6	12	36	4.51			
	40세~49세	0	1	19	8	28	4.13			
	50세 이상	0	1	7	13	16	4.19			
	전체	1	4	45	56	186	4.45			
직업 훈련 취업 도움	29세 미만	1	1	12	13	117	4.69	41.5	12	.000
	30세~39세	0	0	7	8	40	4.60			
	40세~49세	1	0	12	13	30	4.27			
	50세 이상	0	0	4	17	16	4.32			
	전체	2	1	35	51	203	4.55			

참여자 연령에 따른 직업훈련서비스에 대한 만족도 분석결과 직업훈련정보, 직업훈련 취업도움에 대한 만족도 부분에서 전반적으로 연령이 낮을수록 취업지원서비스에 대한 만족도가 높은 것으로 확인되었다. 이는 유의수준($p<.05$) 내에서 통계적으로 만족도에 유의한 차이가 나는 것으로 확인되었다.

표 18. 연령에 따른 취업알선서비스에 대한 만족도 분석결과

		매우 불만족	불만족	보통	만족	매우 만족	만족도	카이 제곱	자유도	P-Value
알선 서비스 만족도	29세 미만	1	4	10	16	113	4.64	28.6	12	.005
	30세~39세	0	0	8	11	36	4.51			
	40세~49세	0	1	8	9	38	4.50			
	50세 이상	0	0	3	16	18	4.41			
전체		1	5	29	52	205	4.56			
취업 희망 적합	29세 미만	4	4	19	11	106	4.47	40.6	12	.000
	30세~39세	0	1	9	7	38	4.49			
	40세~49세	0	0	14	8	34	4.36			
	50세 이상	0	1	5	16	15	4.22			
전체		4	6	47	42	193	4.42			
채용 정보 횟수	29세 미만	7	3	14	10	110	4.48	37.3	12	.000
	30세~39세	0	1	9	10	35	4.44			
	40세~49세	1	3	9	14	29	4.20			
	50세 이상	0	0	11	10	16	4.14			
전체		8	7	43	44	190	4.37			
클리닉 서비스	29세 미만	7	2	9	18	108	4.51	31.3	12	.002
	30세~39세	0	1	10	7	37	4.45			
	40세~49세	4	1	17	6	28	3.95			
	50세 이상	0	0	5	9	23	4.49			
전체		11	4	41	40	196	4.39			
면접 동행 서비스	29세 미만	4	1	11	12	116	4.63	37.6	12	.000
	30세~39세	0	0	8	10	37	4.53			
	40세~49세	1	4	8	11	32	4.23			
	50세 이상	0	0	5	13	19	4.38			
전체		5	5	32	46	204	4.50			

참여자 연령에 따른 취업알선서비스에 대한 만족도 분석결과 취업희망시기, 채용정보 제공횟수, 면접클리닉서비스 및 면접동행서비스에서 연령이 낮을수록 만족도가 높은 것으로 확인되었다. 이는 유의수준($p<.05$) 내에서 통계적으로 만족도에 유의한 차이가 나는 것으로 확인되었다.

표 19. 연령에 따른 직업상담사에 대한 만족도 분석결과

		매우 불만족	불만족	보통	만족	매우 만족	만족도	카이 제곱	자유도	P-Value
직업 상담사 태도	29세 미만	4	1	11	12	116	4.63			
	30세~39세	0	1	2	14	38	4.62			
	40세~49세	0	2	13	10	31	4.25	37.8	12	.000
	50세 이상	0	2	7	9	19	4.22			
전체		4	6	33	45	204	4.50			
직업 상담 사업무 처리	29세 미만	4	1	6	17	116	4.67			
	30세~39세	0	1	6	7	41	4.60			
	40세~49세	0	0	15	9	32	4.30	44.6	12	.000
	50세 이상	0	0	6	14	17	4.30			
전체		4	2	33	47	206	4.54			
직업 상담사 구인 정보	29세 미만	1	4	8	12	119	4.69			
	30세~39세	0	0	7	8	40	4.60			
	40세~49세	1	2	11	5	37	4.34	30.3	12	.002
	50세 이상	0	0	7	11	19	4.32			
전체		2	6	33	36	215	4.56			
클리닉 면접 코칭	29세 미만	1	1	9	21	112	4.68			
	30세~39세	0	1	6	8	40	4.58			
	40세~49세	0	4	12	9	31	4.20	30.9	12	.002
	50세 이상	0	0	8	11	18	4.27			
전체		1	6	35	49	201	4.52			

참여자 연령에 따른 직업상담사에 대한 만족도 분석결과 직업상담사 태도, 업무처리, 구인정보제공, 클리닉면접코칭 및 직업상담사 역량에 대한 만족도에서 연령이 낮을수록 만족도가 높은 것으로 확인되었다. 이는 유의수준(p<.05) 내에서 통계적으로 만족도에 유의한 차이가 나는 것으로 확인되었다.

표 20. 연령에 따른 참여수당에 대한 만족도 분석결과

		매우 불만족	불만족	보통	만족	매우 만족	만족도	카이제곱	자유도	P-Value
1단계 참여수당	29세 미만	8	10	10	21	95	4.28	40.2	12	.000
	30세~39세	0	8	9	7	31	4.11			
	40세~49세	0	5	10	12	29	4.16			
	50세 이상	2	5	9	14	7	3.51			
	전체	10	28	38	54	162	4.13			
2단계 참여수당	29세 미만	10	8	15	23	88	4.19	28.6	12	.004
	30세~39세	0	5	11	7	32	4.20			
	40세~49세	0	6	9	16	25	4.07			
	50세 이상	2	3	10	11	11	3.70			
	전체	12	22	45	57	156	4.11			
3단계 참여수당	29세 미만	10	10	17	19	88	4.15	35.2	12	.000
	30세~39세	0	12	7	9	27	3.93			
	40세~49세	0	8	10	11	27	4.02			
	50세 이상	2	3	12	10	10	3.62			
	전체	12	33	46	49	152	4.01			

		매우 불만족	불만족	보통	만족	매우 만족	만족도	카이 제곱	자유도	P-Value
취업 성공 수당	29세 미만	6	6	12	28	92	4.35	31.5	12	.002
	30세~39세	0	5	12	6	32	4.18			
	40세~49세	0	5	17	6	28	4.02			
	50세 이상	2	3	11	8	13	3.73			
	전체	8	19	52	48	165	4.17			
수당 만족도	29세 미만	5	5	22	25	87	4.28	29.5	12	.003
	30세~39세	0	5	8	9	33	4.27			
	40세~49세	0	5	19	5	27	3.96			
	50세 이상	2	3	12	10	10	3.62			
	전체	7	18	61	49	157	4.13			

참여자 연령에 따른 참여수당에 대한 만족도 분석결과 1단계 참여수당, 2단계 참여수당. 3단계 참여수당. 취업성공수당 및 수당만족도 부분에서 유의수준($p<.05$) 내에서 통계적으로 만족도에 유의한 차이가 나는 것으로 분석되었다.

(2) 참여자 최종 학력에 따른 취업지원서비스별 만족도 분석결과

참여자 최종 학력에 따른 초기상담서비스 만족도 분석결과 초기상담 안내에 대한 만족도, 상담시간배분에 대한 만족도, 상담내용 적절성에 대한 만족도에서 고학력일수록 취업지원서비스에 대한 만족도가 높은 것으로 확인되었다. 이는 유의수준(p<.05) 내에서 통계적으로 만족도에 유의한 차이가 나는 것으로 분석되었다.

표 21. 최종 학력에 따른 초기상담서비스에 대한 만족도 분석결과

		매우 불만족	불만족	보통	만족	매우 만족	만족도	카이 제곱	자유도	P-Value
초기 상담 안내	초등학교	0	0	1	1	0	3.50	32.62	16	.023
	중학교	0	0	4	6	6	4.13			
	고등학교	0	0	13	25	41	4.35			
	대학교	1	3	13	29	141	4.64			
	대학원	0	0	0	1	7	4.88			
전체		1	3	31	62	195	4.53			
상담 시간 배분 상담 시간 배분	초등학교	0	0	2	0	0	3.00	57.16	16	.000
	중학교	0	0	6	4	6	4.00			
	고등학교	0	3	14	25	37	4.22			
	대학교	1	5	12	22	147	4.65			
	대학원	0	0	0	2	6	4.75			
전체		1	8	34	53	196	4.49			
상담 내용 적절	초등학교	0	0	0	2	0	4.00	41.39	16	.000
	중학교	0	0	3	7	6	4.19			
	고등학교	0	0	12	20	47	4.44			
	대학교	4	7	13	20	143	4.56			
	대학원	0	0	0	1	7	4.88			
전체		4	7	28	50	203	4.51			

표 22. 최종 학력에 따른 직업선호도검사에 대한 만족도 분석결과

		매우 불만족	불만족	보통	만족	매우 만족	만족도	카이 제곱	자유도	P-Value
검사 만족도	초등학교	0	0	2	0	0	3.00	54.23	16	.000
	중학교	0	0	4	6	6	4.13			
	고등학교	0	0	17	20	42	4.32			
	대학교	1	5	21	26	134	4.53			
	대학원	0	0	0	7	1	4.13			
전체		1	5	44	59	183	4.43			
결과 해석 전문성	초등학교	0	0	0	2	0	4.00	46.20	16	.000
	중학교	0	1	3	6	6	4.06			
	고등학교	0	0	16	16	47	4.39			
	대학교	5	4	15	16	147	4.58			
	대학원	0	0	1	0	7	4.75			
전체		5	5	35	40	207	4.50			
적성 이해 적성 이해	초등학교	0	1	1	0	0	2.50	68.64	16	.000
	중학교	0	0	3	6	7	4.25			
	고등학교	0	1	8	28	42	4.41			
	대학교	4	2	22	20	139	4.54			
	대학원	0	0	1	1	6	4.63			
전체		4	4	35	55	194	4.48			
검사 진로 결정 도움	초등학교	1	0	0	1	0	2.50	60.27	16	.000
	중학교	0	1	3	6	6	4.06			
	고등학교	0	0	17	20	42	4.32			
	대학교	4	3	22	18	140	4.53			
	대학원	0	0	1	1	6	4.63			
	전체	5	4	43	46	194	4.44			
검사 이해	초등학교	0	0	1	1	0	3.50	42.90	16	.000
	중학교	0	0	3	7	6	4.19			
	고등학교	0	0	17	22	40	4.29			
	대학교	4	6	16	19	142	4.55			
	대학원	0	0	1	1	6	4.63			
	전체	4	6	38	50	194	4.45			

참여자 최종 학력에 따른 직업선호도검사에 대한 만족도 검사결과 대체적으로 고학력일수록 만족도가 높은 것으로 확인되었다. 이는 유의수준(p<.05) 내에서 통계적으로 만족도에 유의한 차이가 나는 것으로 분석되었다.

표 23. 최종 학력에 따른 취업지원계획수립에 대한 만족도 분석결과

		매우 불만족	불만족	보통	만족	매우 만족	만족도	카이제곱	자유도	P-Value
IAP 만족도	초등학교	0	0	1	1	0	3.50	36.14	16	.003
	중학교	0	0	3	7	6	4.19			
	고등학교	0	0	14	27	38	4.30			
	대학교	1	3	24	22	137	4.56			
	대학원	0	0	1	0	7	4.75			
전체		1	3	43	57	188	4.47			
IAP 시간 배정	초등학교	0	1	1	0	0	2.50	50.91	16	.000
	중학교	0	0	4	5	7	4.19			
	고등학교	0	1	15	24	39	4.28			
	대학교	1	3	20	28	135	4.57			
	대학원	0	1	1	0	6	4.38			
전체		1	6	41	57	187	4.45			
IAP 작성 안내	초등학교	0	1	1	0	0	2.50	63.66	16	.000
	중학교	0	0	3	7	6	4.19			
	고등학교	0	1	14	26	38	4.28			
	대학교	1	4	17	20	145	4.63			
	대학원	0	1	1	0	6	4.38			
전체		1	7	36	53	195	4.49			

참여자 최종 학력에 따른 취업지원계획수립 지원에 대한 만족도 분석결과 IAP시간배정 및 작성안내에 대한 만족도 부분에서 대체적으로 고학력일수록 취업지원서비스에 대한 만족도가 높은 것으로 확인되었다. 이는 유의수준(p<.05) 내에서 통계적으로 만족도에 유의한 차이가 나는 것으로 확인되었다.

표 24. 최종 학력에 따른 직업훈련서비스에 대한 만족도 분석결과

		매우 불만족	불만족	보통	만족	매우 만족	만족도	카이 제곱	자유도	P-Value
직업 훈련 만족도	초등학교	0	0	2	0	0	3.00	43.03	16	.000
	중학교	0	0	3	7	6	4.19			
	고등학교	0	0	7	24	48	4.52			
	대학교	1	1	15	25	145	4.67			
	대학원	0	0	2	0	6	4.50			
전체		1	1	29	56	205	4.59			
직업 훈련 정보 도움	초등학교	0	0	2	0	0	3.00	39.43	16	.001
	중학교	0	0	5	3	8	4.19			
	고등학교	0	3	11	20	45	4.35			
	대학교	4	3	14	28	138	4.57			
	대학원	0	1	1	0	6	4.38			
전체		4	7	33	51	197	4.47			
훈련 기관 연결 적절	초등학교	0	0	1	1	0	3.50	41.42	16	.000
	중학교	0	0	3	5	8	4.31			
	고등학교	0	0	9	30	40	4.39			
	대학교	1	1	26	17	142	4.59			
	대학원	0	0	2	0	6	4.50			
전체		1	1	41	53	196	4.51			

		매우 불만족	불만족	보통	만족	매우 만족	만족도	카이 제곱	자유도	P-Value
훈련 기간 적절	초등학교	0	1	0	1	0	3.00	62.59	16	.000
	중학교	0	1	4	3	8	4.13			
	고등학교	0	1	13	27	38	4.29			
	대학교	1	1	27	25	133	4.54			
	대학원	0	0	1	0	7	4.75			
전체		1	4	45	56	186	4.45			
직업 훈련 취업 도움	초등학교	0	0	1	1	0	3.50	31.48	16	.012
	중학교	1	0	2	5	8	4.19			
	고등학교	0	0	9	24	46	4.47			
	대학교	1	1	22	20	143	4.62			
	대학원	0	0	1	1	6	4.63			
	전체	2	1	35	51	203	4.55			

참여자 최종 학력에 따른 직업훈련서비스 지원에 대한 만족도 분석결과 직업훈련정보, 훈련기관 연계, 훈련기간 적절성 및 직업훈련취업에 도움에 대한 만족도 부분에서 비교적 고학력일수록 만족도가 높은 것으로 확인되었다. 이는 유의수준(p<.05) 내에서 통계적으로 유의한 차이가 나는 것으로 확인되었다.

표 25. 최종 학력에 따른 취업알선서비스에 대한 만족도 분석결과

		매우 불만족	불만족	보통	만족	매우 만족	만족도	카이 제곱	자유도	P-Value
취업 정도 취업 도움	초등학교	0	0	0	2	0	4.00	27.76	16	.034
	중학교	0	1	4	4	7	4.06			
	고등학교	0	0	8	25	46	4.48			
	대학교	1	5	21	28	132	4.52			
	대학원	0	0	2	0	6	4.50			
전체		1	6	35	59	191	4.48			
취업 희망 적합	초등학교	0	0	1	1	0	3.50	40.54	16	.001
	중학교	0	1	4	5	6	4.00			
	고등학교	0	0	15	19	45	4.38			
	대학교	4	5	26	13	139	4.49			
	대학원	0	0	1	4	3	4.25			
전체		4	6	47	42	193	4.42			
채용 정보 횟수	초등학교	0	0	2	0	0	3.00	55.53	16	.000
	중학교	1	0	5	4	6	3.88			
	고등학교	0	2	9	27	41	4.35			
	대학교	7	5	26	13	136	4.42			
	대학원	0	0	1	0	7	4.75			
전체		8	7	43	44	190	4.37			
클리닉 서비스	초등학교	0	1	0	1	0	3.00	55.59	16	.000
	중학교	1	0	3	6	6	4.00			
	고등학교	2	0	15	12	50	4.37			
	대학교	8	3	21	21	134	4.44			
	대학원	0	0	2	0	6	4.50			
	전체	11	4	41	40	196	4.39			
면접 동행 서비스	초등학교	0	0	1	1	0	3.50	32.97	16	.007
	중학교	1	0	2	5	8	4.19			
	고등학교	0	3	6	20	50	4.48			
	대학교	4	1	22	20	140	4.56			
	대학원	0	1	1	0	6	4.38			
	전체	5	5	32	46	204	4.50			

참여자 최종 학력에 따른 취업알선서비스에 대한 만족도 분석결과 취업 정보, 취업희망시기, 채용정보 제공횟수, 클리닉서비스 및 면접동행서비스에 대한 대체적으로 고학력일수록 만족도가 높은 것으로 확인되었다. 이는 유의수준(p<.05) 내에서 통계적으로 유의한 차이가 나는 것으로 확인되었다.

표 26. 최종 학력에 따른 직업상담사에 대한 만족도 분석결과

		매우 불만족	불만족	보통	만족	매우 만족	만족도	카이제곱	자유도	P-Value
상담사 전문 지식	초등학교	0	0	1	1	0	3.50	27.46	16	.037
	중학교	0	0	3	7	6	4.19			
	고등학교	0	0	9	19	51	4.53			
	대학교	4	1	16	21	145	4.61			
	대학원	0	0	1	1	6	4.63			
전체		4	1	30	49	208	4.56			
직업 상담사 구인 정보	초등학교	0	1	0	1	0	3.00	51.96	16	.000
	중학교	1	0	3	4	8	4.13			
	고등학교	0	0	14	14	51	4.47			
	대학교	1	5	15	17	149	4.65			
	대학원	0	0	1	0	7	4.75			
전체		2	6	33	36	215	4.56			
클리닉 면접 코칭	초등학교	0	1	0	1	0	3.00	60.29	16	.000
	중학교	0	0	3	5	8	4.31			
	고등학교	0	2	13	26	38	4.27			
	대학교	1	3	18	16	149	4.65			
	대학원	0	0	1	1	6	4.63			
	전체	1	6	35	49	201	4.52			

		매우 불만족	불만족	보통	만족	매우 만족	만족도	카이 제곱	자유도	P-Value
직업 상담사 역량	초등학교	0	0	1	1	0	3.50	29.95	16	.018
	중학교	1	0	2	7	6	4.06			
	고등학교	0	1	11	21	46	4.42			
	대학교	2	3	14	27	141	4.61			
	대학원	0	0	1	0	7	4.75			
	전체	3	4	29	56	200	4.53			

참여자 최종 학력에 따른 직업상담사에 대한 만족도 분석 결과 상담사의 전문지식, 구인정보, 면접 코칭, 상담사역량 부분에서 비교적 고학력일수록 만족도가 높은 것으로 확인되었다. 이는 유의수준(p<.05) 내에서 통계적으로 유의한 차이가 나는 것으로 확인되었다.

표 27. 최종 학력에 따른 참여수당에 대한 만족도 분석결과

		매우 불만족	불만족	보통	만족	매우 만족	만족도	카이 제곱	자유도	P-Value
1단계 참여 수당	초등학교	0	0	2	0	0	3.00	35.60	16	.003
	중학교	2	2	2	4	6	3.63			
	고등학교	0	9	11	21	38	4.11			
	대학교	8	17	22	25	115	4.19			
	대학원	0	0	1	4	3	4.25			
전체		10	28	38	54	162	4.13			

		매우 불만족	불만족	보통	만족	매우 만족	만족도	카이제곱	자유도	P-Value
2단계 참여 수당	초등학교	0	0	1	1	0	3.50	26.51	16	.047
	중학교	2	2	2	4	6	3.63			
	고등학교	0	6	14	25	34	4.10			
	대학교	10	13	27	27	110	4.14			
	대학원	0	1	1	0	6	4.38			
전체		12	22	45	57	156	4.11			
취업 성공 수당	초등학교	0	0	1	1	0	3.50	32.55	16	.008
	중학교	2	3	2	3	6	3.50			
	고등학교	0	3	22	18	36	4.10			
	대학교	6	13	25	26	117	4.26			
	대학원	0	0	2	0	6	4.50			
전체		8	19	52	48	165	4.17			

참여자 최종 학력에 따른 참여수당에 대한 만족도 분석결과 1단계 참여수당, 2단계 참여수당, 취업성공수당에서 학력이 높을수록 만족도가 높은 것으로 확인되었다. 이는 유의수준($p<.05$) 내에서 통계적으로 유의한 차이가 나는 것으로 확인되었다.

(3) 참여자 보유자격증 개수에 따른 취업지원서비스별 만족도 분석결과

참여자 보유자격증 개수에 따른 초기상담서비스 만족도

분석결과 상담내용에 대한 적절성에 대해 자격증 3개내지 4개 보유자의 만족도가 가장 높은 것으로 확인되었다. 이는 유의수준($p<.05$) 내에서 통계적으로 만족도에 유의한 차이가 나는 것으로 분석되었다.

표 28. 보유자격증 개수에 따른 초기상담서비스에 대한 만족도 분석결과

		매우 불만족	불만족	보통	만족	매우 만족	만족도	카이제곱	자유도	P-Value
상담 내용 적절	0개	0	0	1	5	6	4.42	37.51	16	.002
	1개~2개	1	2	10	19	65	4.49			
	3개~4개	0	1	10	21	92	4.65			
	5개~6개	3	1	5	4	23	4.19			
	7개 이상	0	3	2	1	17	4.39			
전체		4	7	28	50	203	4.51			

표 29. 보유자격증 개수에 따른 직업선호도검사에 대한 만족도 분석결과

		매우 불만족	불만족	보통	만족	매우 만족	만족도	카이제곱	자유도	P-Value
결과 해석 전문성	0개	0	0	1	5	6	4.42	29.03	16	.024
	1개~2개	1	3	11	14	68	4.49			
	3개~4개	1	0	15	15	93	4.60			
	5개~6개	3	2	6	2	23	4.11			
	7개이상	0	0	2	4	17	4.65			
전체		5	5	35	40	207	4.50			

참여자 보유자격증 개수에 따른 직업선호도검사 만족도 분석결과 결과해석에 대한 만족도에 대해 유의수준(p<.05) 내에서 통계적으로 만족도에 유의한 치이기 니는 것으로 분석되었다.

표 30. 보유자격증 개수에 따른 취업지원계획수립에 대한 만족도 분석결과

		매우 불만족	불만족	보통	만족	매우 만족	만족도	카이 제곱	자유도	P-Value
IAP 작성 안내	0개	0	0	2	4	6	4.33	43.15	16	.000
	1개~2개	1	0	14	20	62	4.46			
	3개~4개	0	1	14	20	89	4.59			
	5개~6개	0	6	2	5	23	4.25			
	7개 이상	0	0	4	4	15	4.48			
전체		1	7	36	53	195	4.49			

참여자 보유자격증 개수에 따른 취업지원계획수립에 대한 만족도 분석결과 IAP작성안내에 대해 자격증 3개 또는 4개 보유자의 만족도가 가장 높은 것으로 확인되었다. 이는 유의수준(p<.05) 내에서 통계적으로 만족도에 유의한 차이가 나는 것으로 확인되었다.

IAP 만족도 및 IAP 시간배정에 대한 만족도에서 자격증이 많을수록 대체적으로 만족도가 높은 것으로 확인되었지만 이는 유의수준(p<.05) 내에서 통계적으로 만족도에 유의한 차이가 나지 않은 것으로 확인되었다.

표 31. 보유자격증 개수에 따른 직업훈련서비스에 대한 만족도 분석결과

		매우 불만족	불만족	보통	만족	매우 만족	만족도	카이제곱	자유도	P-Value
직업훈련정보 도움	0개	0	0	1	3	8	4.58	41.92	16	.000
	1개~2개	1	2	18	15	61	4.37			
	3개~4개	3	0	11	21	89	4.56			
	5개~6개	0	5	3	10	18	4.14			
	7개이상	0	0	0	2	21	4.91			
전체		4	7	33	51	197	4.47			

참여사 보유자격증 개수에 따른 직업훈련서비스에 대한 만족도 분석결과 직업훈련정보 도움에 대해 유의수준(p<.05) 내에서 통계적으로 만족도에 유의한 차이가 나는 것으로 확인되었다.

표 32. 보유자격증 개수에 따른 취업알선서비스에 대한 만족도 분석결과

		매우 불만족	불만족	보통	만족	매우 만족	만족도	카이제곱	자유도	P-Value
알선서비스 만족도	0개	0	0	1	2	9	4.67	34.34	16	.005
	1개~2개	1	1	8	25	62	4.51			
	3개~4개	0	0	16	16	92	4.61			
	5개~6개	0	4	4	5	23	4.31			
	7개 이상	0	0	0	4	19	4.83			
전체		1	5	29	52	205	4.56			

<table>
<tr><th colspan="2"></th><th>매우 불만족</th><th>불만족</th><th>보통</th><th>만족</th><th>매우 만족</th><th>만족도</th><th>카이 제곱</th><th>자유도</th><th>P-Value</th></tr>
<tr><td rowspan="5">취업 정도 취업 도움</td><td>0개</td><td>0</td><td>0</td><td>1</td><td>4</td><td>7</td><td>4.50</td><td rowspan="6">28.82</td><td rowspan="6">16</td><td rowspan="6">.025</td></tr>
<tr><td>1개~2개</td><td>1</td><td>1</td><td>11</td><td>24</td><td>60</td><td>4.45</td></tr>
<tr><td>3개~4개</td><td>0</td><td>1</td><td>17</td><td>18</td><td>88</td><td>4.56</td></tr>
<tr><td>5개~6개</td><td>0</td><td>4</td><td>6</td><td>7</td><td>19</td><td>4.14</td></tr>
<tr><td>7개 이상</td><td>0</td><td>0</td><td>0</td><td>6</td><td>17</td><td>4.74</td></tr>
<tr><td colspan="2">전체</td><td>1</td><td>6</td><td>35</td><td>59</td><td>191</td><td>4.48</td></tr>
<tr><td rowspan="5">취업 희망 적합</td><td>0개</td><td>0</td><td>0</td><td>2</td><td>4</td><td>6</td><td>4.33</td><td rowspan="6">26.62</td><td rowspan="6">16</td><td rowspan="6">.046</td></tr>
<tr><td>1개~2개</td><td>1</td><td>0</td><td>16</td><td>15</td><td>65</td><td>4.47</td></tr>
<tr><td>3개~4개</td><td>3</td><td>2</td><td>23</td><td>14</td><td>82</td><td>4.37</td></tr>
<tr><td>5개~6개</td><td>0</td><td>4</td><td>4</td><td>4</td><td>24</td><td>4.33</td></tr>
<tr><td>7개 이상</td><td>0</td><td>0</td><td>2</td><td>5</td><td>16</td><td>4.61</td></tr>
<tr><td colspan="2">전체</td><td>4</td><td>6</td><td>47</td><td>42</td><td>193</td><td>4.42</td></tr>
<tr><td rowspan="6">클리닉 서비스</td><td>0개</td><td>0</td><td>0</td><td>3</td><td>3</td><td>6</td><td>4.25</td><td rowspan="6">27.57</td><td rowspan="6">16</td><td rowspan="6">.036</td></tr>
<tr><td>1개~2개</td><td>2</td><td>0</td><td>15</td><td>17</td><td>63</td><td>4.43</td></tr>
<tr><td>3개~4개</td><td>3</td><td>2</td><td>16</td><td>17</td><td>86</td><td>4.46</td></tr>
<tr><td>5개~6개</td><td>4</td><td>2</td><td>7</td><td>1</td><td>22</td><td>3.97</td></tr>
<tr><td>7개 이상</td><td>2</td><td>0</td><td>0</td><td>2</td><td>19</td><td>4.57</td></tr>
<tr><td>전체</td><td>11</td><td>4</td><td>41</td><td>40</td><td>196</td><td>4.39</td></tr>
<tr><td rowspan="6">면접 동행 서비스</td><td>0개</td><td>0</td><td>0</td><td>2</td><td>1</td><td>9</td><td>4.58</td><td rowspan="6">32.53</td><td rowspan="6">16</td><td rowspan="6">.009</td></tr>
<tr><td>1개~2개</td><td>2</td><td>0</td><td>10</td><td>17</td><td>68</td><td>4.54</td></tr>
<tr><td>3개~4개</td><td>0</td><td>1</td><td>14</td><td>19</td><td>90</td><td>4.60</td></tr>
<tr><td>5개~6개</td><td>3</td><td>2</td><td>6</td><td>7</td><td>18</td><td>3.97</td></tr>
<tr><td>7개 이상</td><td>0</td><td>2</td><td>0</td><td>2</td><td>19</td><td>4.65</td></tr>
<tr><td>전체</td><td>5</td><td>5</td><td>32</td><td>46</td><td>204</td><td>4.50</td></tr>
</table>

참여자 보유자격증 개수에 따른 취업알선서비스에 대한 만족도 분석결과 취업희망시기적합, 클리닉서비스 및 면접동행서비스에서 유의수준(p<.05) 내에서 통계적으로 만족도에 유의한 차이가 나는 것으로 확인되었다.

표 33. 보유자격증 개수에 따른 직업상담사에 대한 만족도 분석결과

		매우 불만족	불만족	보통	만족	매우 만족	만족도	카이제곱	자유도	P-Value
상담사 전문 지식	0개	0	0	1	4	7	4.50	30.31	16	.016
	1개~2개	1	0	12	21	63	4.49			
	3개~4개	0	0	12	16	96	4.68			
	5개~6개	3	1	3	6	23	4.25			
	7개 이상	0	0	2	2	19	4.74			
전체		4	1	30	49	208	4.56			
직업 상담사 태도	0개	0	0	2	2	8	4.50	32.00	16	.010
	1개~2개	1	2	16	14	64	4.42			
	3개~4개	0	1	10	17	96	4.68			
	5개~6개	3	3	3	8	19	4.03			
	7개 이상	0	0	2	4	17	4.65			
전체		4	6	33	45	204	4.50			
직업 상담사 업무 처리	0개	0	0	1	5	6	4.42	46.95	16	.000
	1개~2개	1	0	14	17	65	4.49			
	3개~4개	0	0	13	12	99	4.69			
	5개~6개	3	2	5	7	19	4.03			
	7개 이상	0	0	0	6	17	4.74			
전체		4	2	33	47	206	4.54			

		매우 불만족	불만족	보통	만족	매우 만족	만족도	카이 제곱	자유도	P-Value
직업 상담사 구인 정보	0개	0	0	1	3	8	4.58	43.76	16	.000
	1개~2개	2	0	16	15	64	4.43			
	3개~4개	0	1	11	10	102	4.72			
	5개~6개	0	5	3	6	22	4.25			
	7개 이상	0	0	2	2	19	4.74			
전체		2	6	33	36	215	4.56			

참여자 보유자격증 개수에 따른 직업상담사에 대한 만족도 분석결과 직업상담사태도, 직업상담사업무처리, 구인정보제공, 직업상담사 역량에 대한 만족도에서 유의수준($p<.05$) 내에서 통계적으로 만족도에 유의한 차이가 나는 것으로 확인되었다.

(4) 참여자 미취업기간에 따른 취업지원서비스별 만족도 분석결과

참여자 미취업기간에 따른 초기상담서비스 만족도 분석결과 상담내용에 대한 적절성에 대해 미취업기간이 짧을수록 만족도가 가장 높은 것으로 확인되었다. 이는 유의수준($p<.05$) 내에서 통계적으로 만족도에 유의한 차이가 나는 것으로 분석되었다.

표 34. 미취업기간에 따른 초기상담서비스에 대한 만족도 분석결과

		매우 불만족	불만족	보통	만족	매우 만족	만족도	카이 제곱	자유도	P-Value
상담 내용 적절	3개월 미만	4	1	2	12	67	4.59	40.22	16	.001
	3개월~6개월	0	0	12	8	56	4.58			
	6개월~12개월	0	2	4	15	38	4.51			
	12개월~24개월	0	4	9	9	33	4.29			
	24개월이상	0	0	1	6	9	4.50			
전체		4	7	28	50	203	4.51			

표 35. 미취업기간에 따른 직업선호도검사에 대한 만족도 분석결과

		매우 불만족	불만족	보통	만족	매우 만족	만족도	카이 제곱	자유도	P-Value
결과 해석 전문성	3개월 미민	5	0	3	11	67	4.57	27.13	16	.040
	3개월~6개월	0	2	9	10	55	4.55			
	6개월~12개월	0	2	9	9	39	4.44			
	12개월~24개월	0	1	10	9	35	4.42			
	24개월 이상	0	0	4	1	11	4.44			
전체		5	5	35	40	207	4.50			

참여자 미취업기간에 따른 직업선호도검사에 대한 만족도 분석결과 결과해석 전문성에 대해 미취업기간이 짧을수록 만족도가 높은 것으로 확인되었다. 이는 유의수준($p<.05$) 내에서 통계적으로 만족도에 유의한 차이가 나는 것으로 분석되었다.

표 36. 미취업기간에 따른 취업지원계획수립에 대한 만족도 분석결과

		매우 불만족	불만족	보통	만족	매우 만족	만족도	카이제곱	자유도	P-Value
IAP 시간 배정	3개월미만	1	1	11	8	65	4.57	36.50	16	.002
	3개월~6개월	0	0	13	14	49	4.47			
	6개월~12개월	0	1	7	9	42	4.56			
	12개월~24개월	0	3	7	23	22	4.16			
	24개월이상	0	1	3	3	9	4.25			
전체		1	6	41	57	187	4.45			

참여자 미취업기간에 따른 취업지원계획수립에 대한 만족도 분석결과 IAP 시간배정에 대해 유의수준(p<.05) 내에서 통계적으로 만족도에 유의한 차이가 나는 것으로 분석되었다.

표 37. 미취업기간에 따른 취업알선서비스에 대한 만족도 분석결과

		매우 불만족	불만족	보통	만족	매우 만족	만족도	카이제곱	자유도	P-Value
채용 정보 횟수	3개월 미만	4	0	8	9	65	4.52	28.03	16	.031
	3개월~6개월	4	2	11	9	50	4.30			
	6개월~12개월	0	2	8	10	39	4.46			
	12개월~24개월	0	2	15	13	25	4.11			
	24개월 이상	0	1	1	3	11	4.50			
전체		전체	7	43	44	190	4.37			
면접 동행 서비스	3개월 미만	4	1	7	10	64	4.50	28.75	16	.026
	3개월~6개월	1	0	6	13	56	4.62			
	6개월~12개월	0	0	6	10	43	4.63			

		매우 불만족	불만족	보통	만족	매우 만족	만족도	카이 제곱	자유도	P-Value
면접 동행 서비스	12개월~24개월	0	4	11	9	31	4.22			
	24개월 이상	0	0	2	4	10	4.50			
	전체	5	5	32	46	204	4.50			

참여자 미취업기간에 따른 취업알선서비스에 대한 만족도 분석결과 채용정보횟수 및 면접동행서비스 만족도 부분에서 유의수준(p<.05) 내에서 통계적으로 만족도에 유의한 차이가 나는 것으로 확인되었다.

표 38. 미취업기간에 따른 직업상담사에 대한 만족도 분석결과

		매우 불만족	불만족	보통	만족	매우 만족	민족도	카이 제곱	자유도	P-Value
직업 상담사 태도	3개월 미만	4	0	3	10	69	4.63	45.77	16	.000
	3개월~6개월	0	1	12	5	58	4.58			
	6개월~12개월	0	3	8	8	40	4.44			
	12개월~24개월	0	2	8	19	26	4.25			
	24개월 이상	0	0	2	3	11	4.56			
전체		전체	6	33	45	204	4.50			
직업 상담사 업무 처리	3개월 미만	4	0	4	7	71	4.64	29.33	16	.022
	3개월~6개월	0	1	9	13	53	4.55			
	6개월~12개월	0	0	12	10	37	4.42			
	12개월~24개월	0	1	7	13	34	4.45			
	24개월 이상	0	0	1	4	11	4.63			
전체		전체	2	33	47	206	4.54			

		매우 불만족	불만족	보통	만족	매우 만족	만족도	카이 제곱	자유도	P-Value
	3개월 미만	1	3	4	7	71	4.67			
직업	3개월~6개월	1	0	7	8	60	4.66			
상담사 구인	6개월~12개월	0	0	13	9	37	4.41	26.73	16	.045
정보	12개월~24개월	0	2	9	10	34	4.38			
	24개월 이상	0	1	0	2	13	4.69			
전체		전체	6	33	36	215	4.56			
	3개월 미만	1	0	6	15	64	4.64			
	3개월~6개월	1	1	4	16	54	4.59			
직업	6개월~12개월	0	2	5	14	38	4.49	29.94	16	.018
상담사 역량	12개월~24개월	0	1	14	9	31	4.27			
	24개월 이상	1	0	0	2	13	4.63			
	전체	3	4	29	56	200	4.53			

참여자 미취업기간에 따른 직업상담사에 대한 만족도 분석결과 직업상담사태도, 업무처리, 구인정보재공, 직업상담사 역량부분에서 대체적으로 미취업기간이 짧을수록 만족도가 높은 것으로 확인되었다. 이는 유의수준($p<.05$) 내에서 통계적으로 만족도에 유의한 차이가 나는 것으로 확인되었다.

표 39. 미취업기간에 따른 참여수당에 대한 만족도 분석결과

		매우 불만족	불만족	보통	만족	매우 만족	만족도	카이제곱	자유도	P-Value
3단계 참여 수당	3개월 미만	6	2	17	18	43	4.05	30.20	16	.017
	3개월~6개월	3	6	12	9	46	4.17			
	6개월~12개월	2	10	9	5	33	3.97			
	12개월~24개월	1	11	5	14	24	3.89			
	24개월 이상	0	4	3	3	6	3.69			
전체		전체	33	46	49	152	4.01			
수당 만족도	3개월 미만	1	0	24	18	43	4.19	38.44	16	.001
	3개월~6개월	3	2	16	7	48	4.25			
	6개월~12개월	2	9	6	8	34	4.07			
	12개월~24개월	1	6	8	14	26	4.05			
	24개월 이상	0	1	7	2	6	3.81			
	전체	7	18	61	49	157	4.13			

참여자 미취업기간에 따른 참여수당에 대한 만족도 분석결과 3단계 취업수당에서 대체적으로 미취업기간이 짧을수록 만족도가 높은 것으로 확인되었다. 이는 유의수준(p<.05) 내에서 통계적으로 만족도에 유의한 차이가 나는 것으로 확인되었다.

(5) 취업성공패키지사업 참여경로에 따른 취업지원서비스별 만족도 분석결과

취업성공패키지사업 참여경로에 따른 초기상담서비스 만

족도 분석결과 초기상담안내, 상담시간배분, 상담내용적절에 대해 지인가족소개 및 대중매체를 통한 사업 참여자의 만족도가 높은 것으로 확인되었다. 이는 유의수준(p<.05) 내에서 통계적으로 만족도에 유의한 차이가 나는 것으로 분석되었다.

표 40. 사업 참여경로에 따른 초기 상담서비스에 대한 만족도 분석결과

		매우 불만족	불만족	보통	만족	매우 만족	만족도	카이 제곱	자유도	P-Value
초기 상담 안내	대중매체	1	0	1	5	17	4.54	42.53	16	.000
	온라인	0	1	5	12	14	4.22			
	지인가족소개	0	0	18	25	131	4.65			
	유관기관추천	0	2	4	10	17	4.27			
	기타	0	0	3	10	16	4.45			
전체		1	3	31	62	195	4.53			
상담 시간 배분	대중매체	1	0	0	6	17	4.58	44.99	16	.000
	온라인	0	3	7	8	14	4.03			
	지인가족소개	0	3	15	25	131	4.63			
	유관기관추천	0	2	8	4	19	4.21			
	기타	0	0	4	10	15	4.38			
전체		1	8	34	53	196	4.49			
상담 내용 적절	대중매체	1	0	1	2	20	4.67	65.48	16	.000
	온라인	0	1	9	5	17	4.19			
	지인가족소개	3	0	12	23	136	4.66			
	유관기관추천	0	5	4	8	16	4.06			
	기타	0	1	2	12	14	4.34			
전체		4	7	28	50	203	4.51			

표 41. 사업 참여 경로에 따른 직업선호도검사에 대한 만족도 분석결과

		매우 불만족	불만족	보통	만족	매우 만족	만족도	카이 제곱	자유도	P-Value
검사 만족도	대중매체	1	0	1	3	19	4.63	39.89	16	.001
	온라인	0	2	4	10	16	4.25			
	지인가족소개	0	0	23	31	120	4.56			
	유관기관추천	0	2	8	7	16	4.12			
	기타	0	1	8	8	12	4.07			
전체		1	5	44	59	183	4.43			
결과 해석 전문성	대중매체	1	0	1	6	16	4.50	50.83	16	.000
	온라인	0	2	10	4	16	4.06			
	지인가족소개	3	0	17	15	139	4.65			
	유관기관추천	0	3	5	9	16	4.15			
	기타	1	0	2	6	20	4.52			
전체		5	5	35	40	207	4.50			
구직 검사 취업 도움	대중매체	1	0	1	3	19	4.63	44.43	16	.000
	온라인	0	1	3	12	16	4.34			
	지인가족소개	0	0	22	25	127	4.60			
	유관기관추천	0	3	8	6	16	4.06			
	기타	0	1	4	4	20	4.48			
전체		1	5	38	50	198	4.50			
검사 이해	대중매체	1	0	1	6	16	4.50	30.98	16	.014
	온라인	0	3	6	5	18	4.19			
	지인가족소개	3	0	18	27	126	4.57			
	유관기관추천	0	2	9	6	16	4.09			
	기타	0	1	4	6	18	4.41			
	전체	4	6	38	50	194	4.45			

취업성공패키지사업 참여경로에 따른 직업선호도검사 만족도 분석결과 결과해석전문성, 취업도움 및 검사이해 부분에 대한 만족도에서 유의수준(p<.05) 내에서 통계적으로 만족도에 유의한 차이가 나는 것으로 분석되었다.

표 42. 사업 참여 경로에 따른 취업지원계획수립에 대한 만족도 분석결과

		매우 불만족	불만족	보통	만족	매우 만족	만족도	카이 제곱	자유도	P-Value
IAP 만족도	대중매체	1	0	0	4	19	4.67	39.34	16	.001
	온라인	0	1	4	11	16	4.31			
	지인가족소개	0	0	26	25	123	4.56			
	유관기관추천	0	1	9	10	13	4.06			
	기타	0	1	4	7	17	4.38			
전체		1	3	43	57	188	4.47			
IAP 시간 배정	대중매체	1	0	0	7	16	4.54	37.11	16	.002
	온라인	0	2	6	10	14	4.13			
	지인가족소개	0	2	21	26	125	4.57			
	유관기관추천	0	1	8	10	14	4.12			
	기타	0	1	6	4	18	4.34			
전체		1	6	41	57	187	4.45			
IAP 작성 안내	대중매체	1	0	1	6	16	4.50	28.30	16	.029
	온라인	0	1	7	8	16	4.22			
	지인가족소개	0	4	17	25	128	4.59			
	유관기관추천	0	1	8	6	18	4.24			
	기타	0	1	3	8	17	4.41			
전체		1	7	36	53	195	4.49			

취업성공패키지사업 참여경로에 따른 취업지원계획수립 만족도 분석결과 IAP 만족도분석, IAP 시간배정, IAP 작성안내에 대해 지인가족 소개 및 대중매체를 통한 사업 참여자의 만족도가 높은 것으로 확인되었다. 이는 유의수준(p<.05) 내에서 통계적으로 만족도에 유의한 차이가 나는 것으로 분석되었다.

표 43. 사업 참여 경로에 따른 직업훈련서비스에 대한 만족도 분석결과

		매우 불만족	불만족	보통	만족	매우 만족	만족도	카이제곱	자유도	P-Value
직업 훈련 만족도	대중매체	1	0	0	4	19	4.67	62.21	16	.000
	온라인	0	1	2	16	13	4.28			
	지인가족소개	0	0	12	27	135	4.71			
	유관기관추천	0	0	9	6	18	4.27			
	기타	0	0	6	3	20	4.48			
전체		1	1	29	56	205	4.59			
직업 훈련 정보 도움	대중매체	1	0	0	5	18	4.63	37.53	16	.002
	온라인	0	3	4	9	16	4.19			
	지인가족소개	3	1	15	26	129	4.59			
	유관기관추천	0	3	7	5	18	4.15			
	기타	0	0	7	6	16	4.31			
전체		4	7	33	51	197	4.47			
훈련 기관 연결 적절	대중매체	1	0	2	3	18	4.54	32.94	16	.008
	온라인	0	1	8	7	16	4.19			
	지인가족소개	0	0	20	28	126	4.61			
	유관기관추천	0	0	8	6	19	4.33			
	기타	0	0	3	9	17	4.48			

		매우 불만족	불만족	보통	만족	매우 만족	만족도	카이 제곱	자유도	P-Value
전체		1	1	41	53	196	4.51			
훈련 기간 적절	대중매체	1	0	2	6	15	4.42	42.37	16	.000
	온라인	0	1	13	6	12	3.91			
	지인가족소개	0	1	17	30	126	4.61			
	유관기관추천	0	1	8	6	18	4.24			
	기타	0	1	5	8	15	4.28			
전체		1	4	45	56	186	4.45			
직업 훈련 취업 도움	대중매체	1	0	1	1	21	4.71	31.08	16	.013
	온라인	0	1	7	7	17	4.25			
	지인가족소개	0	0	17	28	129	4.64			
	유관기관추천	1	0	6	8	18	4.27			
	기타	0	0	4	7	18	4.48			
전체		2	1	35	51	203	4.55			

취업성공패키지사업 참여경로에 따른 직업훈련서비스 만족도 분석결과 직업훈련만족도, 직업훈련정보도움, 훈련기관연결, 훈련기간 적정 및 취업도움에 대한 만족도 부분에서 유의수준(p<.05) 내에서 통계적으로 만족도에 유의한 차이가 나는 것으로 분석되었다.

표 44. 사업 참여 경로에 따른 취업알선서비스에 대한 만족도 분석결과

		매우 불만족	불만족	보통	만족	매우 만족	만족도	카이 제곱	자유도	P-Value
알선 서비스 만족도	대중매체	1	0	2	3	18	4.54	29.76	16	.019
	온라인	0	1	6	8	17	4.28			
	지인가족소개	0	3	11	27	133	4.67			
	유관기관추천	0	1	4	10	18	4.36			
	기타	0	0	6	4	19	4.45			
전체		1	5	29	52	205	4.56			
취업 정보 취업 도움	대중매체	1	0	0	7	16	4.54	35.75	16	.003
	온라인	0	1	8	10	13	4.09			
	지인가족소개	0	3	16	27	128	4.61			
	유관기관추천	0	1	7	6	19	4.30			
	기타	0	1	4	9	15	4.31			
전체		1	6	35	59	191	4.48			
취업 희망 적합	대중매체	1	0	1	3	19	4.63	44.47	16	.000
	온라인	0	2	11	4	15	4.00			
	지인가족소개	3	3	15	25	128	4.56			
	유관기관추천	0	0	14	6	13	3.97			
	기타	0	1	6	4	18	4.34			
전체		4	6	47	42	193	4.42			
채용 정보 횟수	대중매체	1	0	2	5	16	4.46	65.15	16	.000
	온라인	0	4	8	11	9	3.78			
	지인가족소개	6	0	14	25	129	4.56			
	유관기관추천	1	2	9	3	18	4.06			
	기타	0	1	10	0	18	4.21			
전체		8	7	43	44	190	4.37			

		매우 불만족	불만족	보통	만족	매우 만족	만족도	카이제곱	자유도	P-Value
클리닉 서비스	대중매체	1	0	0	3	20	4.71	46.59	16	.000
	온라인	1	2	8	8	13	3.94			
	지인가족소개	8	0	18	23	125	4.48			
	유관기관추천	1	0	12	2	18	4.09			
	기타	0	2	3	4	20	4.45			
	전체	11	4	41	40	196	4.39			
면접 동행 서비스	대중매체	1	0	0	1	22	4.79	35.91	16	.003
	온라인	0	1	5	12	14	4.22			
	지인가족소개	3	4	13	25	129	4.57			
	유관기관추천	1	0	8	3	21	4.30			
	기타	0	0	6	5	18	4.41			
전체		5	5	32	46	204	4.50			

취업성공패키지사업 참여경로에 따른 취업알선서비스 만족도 분석결과 취업정보, 취업희망시기, 정보제공횟수, 클리닉서비스, 면접동행서비스 부분에서 유의수준($p<.05$) 내에서 통계적으로 만족도에 유의한 차이가 나는 것으로 분석되었다.

표 45. 사업 참여 경로에 따른 직업상담사에 대한 만족도 분석결과

		매우 불만족	불만족	보통	만족	매우 만족	만족도	카이제곱	자유도	P-Value
상담사 전문 지식	대중매체	1	0	1	3	19	4.63	26.84	16	.043
	온라인	0	1	5	9	17	4.31			
	지인가족소개	3	0	14	23	134	4.64			
	유관기관추천	0	0	7	6	20	4.39			
	기타	0	0	3	8	18	4.52			
전체		4	1	30	49	208	4.56			
직업 상담사 태도	대중매체	1	0	0	1	22	4.79	64.37	16	.000
	온라인	0	2	6	9	15	4.16			
	지인가족소개	3	0	14	21	136	4.65			
	유관기관추천	0	4	7	3	19	4.12			
	기타	0	0	6	11	12	4.21			
전체		4	6	33	45	204	4.50			
직업 상담사 업무 처리	대중매체	1	0	1	3	19	4.63	37.07	16	.002
	온라인	0	2	7	5	18	4.22			
	지인가족소개	3	0	14	24	133	4.63			
	유관기관추천	0	0	8	7	18	4.30			
	기타	0	0	3	8	18	4.52			
전체		4	2	33	47	206	4.54			
직업 상담사 구인 정보	대중매체	1	0	1	1	21	4.71	28.25	16	.029
	온라인	0	2	5	6	19	4.31			
	지인가족소개	0	3	15	19	137	4.67			
	유관기관추천	1	0	8	4	20	4.27			
	기타	0	1	4	6	18	4.41			
전체		2	6	33	36	215	4.56			

		매우 불만족	불만족	보통	만족	매우 만족	만족도	카이 제곱	자유도	P-Value
클리닉 면접 코칭	대중매체	1	0	0	7	16	4.54	46.42	16	.000
	온라인	0	3	7	7	15	4.06			
	지인가족소개	0	2	18	20	134	4.64			
	유관기관추천	0	0	8	6	19	4.33			
	기타	0	1	2	9	17	4.45			
	전체	1	6	35	49	201	4.52			
직업 상담사 역량	대중매체	1	0	2	2	19	4.58	31.86	16	.010
	온라인	1	1	5	10	15	4.16			
	지인가족소개	0	1	15	27	131	4.66			
	유관기관추천	1	2	4	6	20	4.27			
	기타	0	0	3	11	15	4.41			
전체		3	4	29	56	200	4.53			

취업성공패키지사업 참여경로에 따른 직업상담사 만족도 분석결과 취업지원서비스 모든 부분에서 유의수준(p<.05) 내에서 통계적으로 만족도에 유의한 차이가 나는 것으로 분석되었다.

표 46. 사업 참여 경로에 따른 참여수당에 대한 만족도 분석결과

		매우 불만족	불만족	보통	만족	매우 만족	만족도	카이 제곱	자유도	P-Value
1단계 참여 수당	대중매체	1	1	1	2	19	4.54	32.46	16	.009
	온라인	1	8	4	8	11	3.63			
	지인가족소개	8	15	24	27	100	4.13			
	유관기관추천	0	4	4	12	13	4.03			
	기타	0	0	5	5	19	4.48			
전체		10	28	38	54	162	4.13			
2단계 참여 수당	대중매체	1	1	0	6	16	4.46	35.69	16	.003
	온라인	1	6	6	9	10	3.66			
	지인가족소개	10	13	22	25	104	4.15			
	유관기관추천	0	2	8	10	13	4.03			
	기타	0	0	9	7	13	4.14			
전체		12	22	45	57	156	4.11			
3단계 참여 수당	대중매체	1	1	1	2	19	4.54	55.38	16	.000
	온라인	1	9	9	2	11	3.41			
	지인가족소개	10	19	18	25	102	4.09			
	유관기관추천	0	2	8	10	13	4.03			
	기타	0	2	10	10	7	3.76			
전체		12	33	46	49	152	4.01			
수당 만족도	대중매체	1	1	1	2	19	4.54	33.98	16	.005
	온라인	1	4	12	4	11	3.63			
	지인가족소개	5	9	31	27	102	4.22			
	유관기관추천	0	4	6	10	13	3.97			
	기타	0	0	11	6	12	4.03			
전체		7	18	61	49	157	4.13			

취업성공패키지사업 참여경로에 따른 참여수당 만족도 분석결과 1단계 참여수당, 2단계 참여수당, 3단계 참여수당 및 취업성공수당에 대해 대중매체 및 지인가족 소개를 통한 사업 참여자의 만족도가 높은 것으로 확인되었다. 이는 유의수준($p<.05$) 내에서 통계적으로 만족도에 유의한 차이가 나는 것으로 분석되었다.

3. 다중회귀분석을 활용한 만족도 분석

(1) 연령대별

가. 초기상담서비스로부터 받는 영향 분석

연령대가 직업선호도검사로부터 받는 영향을 알아보기 위해 직업선호도검사의 하위 요인인 프로그램에 대한 개요 및 진행절차에 대한 안내, 상담시간 배분의 적절성, 상담 내용의 이해, 상담이 진로에 결정에 도움 관계를 독립변인으로, 연령대를 종속변인으로 설정하고 다중회귀분석을 실시하였다.

회귀모형은 F통계 값이 $p=0.000$에서 13.013의 수치를 보이며, 회귀식에 대한 $R^2=.0.043$으로 4.3%(수정계수에 의하면 4.0%)의 설명력을 보이고 있다. Dubin-Watson은 1.706으로 잔차들 간의 상관관계가 없어 회귀모형이 적합한 것으로 나타나고 있다. 초기상담서비스의 하위 요인과 연령과 영향관계를 분석한 결과 프로그램개요 및 진행절차안내($t=-3.607$, $p<.05$)만 연령대별에 유의미한 영향을 미치고 있는 것으로 나

타났다. 그러나 상담시간배분의 적절성, 상담내용이해, 상담이 진로결정에 도움이 되었는가에 연령별로 회귀분석을 한 결과 영향을 받지 않는 것으로 분석되었다.

표 47. 연령대별 초기 상담서비스로부터 받는 영향

종속 변수	독립 변수	표준 오차	β	t값	유의 확률	공선성 통계량	
						공차	VIF
연령대별	상수	.383		8.654	.000		
	초기 상담 안내	.083	-.207	3.607	0.000	1.000	1.000
	R=.207, R^2=.043, 수정된 R^2=.040, F=13.013, p=.000, Dublin-Watson=1.706						

*p<0.05, **p<0.01

나. 직업선호도검사 해석 서비스 지원으로부터 받는 영향 분석

연령대가 직업선호도검사로부터 받는 영향을 알아보기 위해 직업선호도검사의 하위 요인인 직업선호도 및 구직준비도 검사 결과해석에 대한 전체적인 만족도, 결과해석에 대한 상담사의 전문성, 구직준비도 결과해석이 구직에 도움 여부, 직업선호도 검사 결과해석을 통해 구직자의 적성, 흥미, 특성을 이해하는데 도움, 직업선호도검사 결과해석은 진로 결정에 도움, 직업선호도 검사 결과해석은 이해하기 쉽게 전달되었는가

의 관계를 독립변인으로, 연령대를 종속변인으로 설정하고 다중회귀분석을 실시하였다.

회귀모형은 F통계값이 p=0.000에서 8.615의 수치를 보이며, 회귀식에 대한 R^2=.0.042으로 4.2%(수정계수에 의하면 3.8%)의 설명력을 보이고 있다. Dubin-Watson은 1.614로 잔차들 간의 상관관계가 없어 회귀모형이 적합한 것으로 나타나고 있다. 직업선호도검사, 구직준비도 결과해석 서비스지원의 하위 요인과 연령대별과 영향관계를 분석한 결과 직업선호도, 구직준비도 검사결과해석에 대한 전체적인 만족도 (t=-4.017, p<.05)가 연령대에 유의미한 영향을 미치고 있는 것으로 나타났다. 또한, 연령대에 영향을 미치는 하위 요인의 중요도를 판단하기 위하여 직업선호도검사, 구직준비도 결과해석 서비스지원과 직업선호도검사 결과해석을 통해 구직자의 적성, 흥미, 특성을 이해에 도움이 되었는지의 표준화 회귀계수 β값을 비교한 결과 직업선호도, 구직준비도 검사결과해석에 대한 전체적인 만족도(β=-.327), 직업선호도검사 결과해석을 통해 구직자의 적성, 흥미, 특성을 이해에 도움(β=.172)로 나타나 직업선호도, 구직준비도 검사결과해석에 대한 전체적인 만족도의 직업선호도검사 결과해석을 통해 구직자의 적성, 흥미, 특성을 이해에 도움보다 연령대에 더 강한 영향을 미치는 것을 알 수 있다.

표 48. 직업선호도검사, 구직준비도 결과해석 서비스지원으로부터 받는 영향

종속 변수	독립 변수	표준 오차	β	t값	유의 확률	공선성 통계량	
						공차	VIF
연령대별	상수	.361		7.950	.000		
	결과해석 전문성	.107	-.327	-4.017	0.000	.494	2.024
	적성이해	.103	.172	2.121	0.035	.494	2.024
	R=.204, R^2=.042, 수정된 R^2=.038, F=8.615, p=.000, Dublin-Watson=1.614						

다. 취업지원계획(IAP)수립 지원으로부터 받는 영향 분석

연령대가 취업지원계획(IAP)으로부터 받는 영향을 알아보기 위해 취업지원계획의 하위 요인인 만족정도, 시간배정, 작성안내, 충분한 작성 도움과의 관계를 독립변인으로, 연령대를 종속변인으로 설정하고 다중회귀분석을 실시하였다.

표 49. 취업지원계획으로부터 받는 영향

종속 변수	독립 변수	표준 오차	β	t값	유의 확률	공선성 통계량	
						공차	VIF
연령대별	상수	.351		7.828	.000		
	작성안내 설명	.077	-.134	-2.301	.022	1.000	1.000
	R=.134, R^2=.018, 수정된 R^2=.015, F=5.292, p=.000, Dublin-Watson=1.682						

회귀모형은 F통계값이 p=0.000에서 5.292의 수치를 보이며, 회귀식에 대한 R^2=.0.018으로 1.8%(수정계수에 의하면 1.5%)의 설명력을 보이고 있다. Dubin-Watson은 1.682로 잔차들 간의 상관관계가 없어 회귀 모형이 적합한 것으로 나타나고 있다. 취업지원계획관계를 분석한 결과 작성안내 설명(t=-2.301, p<.05)만 연령대에 유의미한 영향을 미치고 있는 것으로 나타났다.

라. 직업훈련 서비스 지원으로부터 받는 영향 분석

연령대가 직업훈련 서비스 지원으로부터 받는 영향을 알아보기 위해 직업훈련서비스지원의 하위 요인인 전체적인 만족도, 제공된 자격증, 교육, 직업훈련 정보는 직업훈련 결정에 도움이 되었는지, 훈련기관 연계, 직업훈련 참여 기간 적절, 직업훈련의 취업도움의 관계를 독립변인으로, 연령대를 종속변인으로 설정하고 다중회귀분석을 실시하였다.

표 50. 직업훈련 서비스 지원으로부터 받는 영향

종속변수	독립변수	표준오차	β	t값	유의확률	공선성 통계량	
						공차	VIF
연령대별	상수	.342		9.696	.000		
	직업훈련 참여기간	.076	-.232	-4.055	.000	1.000	1.000
	R=.232, R^2=.054, 수정된 R^2=.050, F=16.444, p=.000, Dublin-Watson=1.788						

*p<0.05, **p<0.01

회귀모형은 F통계값이 p=0.000에서 16.444의 수치를 보이며, 회귀식에 대한 R^2=.0.054로 5.4%(수정계수에 의하면 5.0%)의 설명력을 보이고 있다. Dubin-Watson은 1.788로 잔차들 간의 상관관계가 없어 회귀모형이 적합한 것으로 나타나고 있다. 직업훈련 서비스지원을 분석한 결과 직업훈련 참여기간(t=-4.055, p<.05)만 연령대에 유의미한 영향을 미치고 있는 것으로 나타났다.

마. 집중 취업알선 서비스로부터 받는 영향 분석

연령대가 집중 취업알선 서비스로부터 받는 영향을 알아보기 위해 집중 취업알선 서비스로부터의 하위 요인인 전체적인 만족도, 취업에 도움, 취업희망시기 적합, 채용정보 횟수, 클리닉 서비스 지원, 상담자의 면접 동행 서비스의 관계를 독립변인으로, 연령대를 종속변인으로 설정하고 다중회귀분석을 실시하였다.

표 51. 연령대별 집중 취업알선 서비스로부터 받는 영향

종속변수	독립변수	표준오차	β	t값	유의확률	공선성 통계량	
						공차	VIF
연령대별	상수	.329		8.513	.000		
	면접동행서비스	.072	-.153	-2.636	.009	1.000	1.000
	R=.153, R^2=.023, 수정된 R^2=.020, F=6.948, p=.009, Dublin-Watson=1.672						

*p<0.05, **p<0.01

회귀모형은 F통계값이 p=0.009에서 6.948의 수치를 보이며, 회귀식에 대한 R^2=.0.023로 2.3%(수정계수에 의하면 2.0%)의 설명력을 보이고 있다. Dubin-Watson은 1.672로 잔차들 간의 상관관계가 없어 회귀모형이 적합한 것으로 나타나고 있다. 집중 취업알선 서비스를 분석한 결과 상담자의 면접 동행서비스(t=-2.636, p<.05)만 연령대별에 유의미한 영향을 미치고 있는 것으로 나타났다.

사. 직업상담사로부터 받는 영향 분석

연령대가 직업상담사로부터 받는 영향을 알아보기 위해 직업상담사로부터의 하위 요인인 직업 및 진로상담에 대한 전문지식, 상담태도, 업무처리능력, 구인정보제공 및 취업알선 매칭 능력, 이력서, 자기소개서, 클리닉, 면접 코칭, 직업상담사의 역량이 취업성공에 미치는 영향의 관계를 독립변인으로, 연령대를 종속변인으로 설정하고 다중회귀분석을 실시하였다.

표 52. 직업상담사로부터 받는 영향

종속변수	독립변수	표준오차	β	t값	유의확률	공선성 통계량	
						공차	VIF
연령대별	상수	.354		9.521	.000		
	클리닉 서비스	.077	-.232	-4.063	.000	1.000	1.000
	R=.232, R^2=.054, 수정된 R^2=.051, F=16.509, p=.000, Dublin-Watson=1.709						

*p<0.05, **p<0.01

회귀모형은 F통계값이 p=0.000에서 16.509의 수치를 보이며, 회귀식에 대한 R^2=.0.054로 5.4%(수정계수에 의하면 5.1%)의 설명력을 보이고 있다. Dubin-Watson은 1.709로 잔차들 간의 상관관계가 없어 회귀모형이 적합한 것으로 나타나고 있다. 직업상담사로부터 받는 영향을 분석한 결과 이력서, 자기소개서 클리닉, 면접코칭(t=-4.063, p<.05)만 연령대별에 유의미한 영향을 미치고 있는 것으로 나타났다.

아. 프로그램 참여수당으로부터 받는 영향 분석

연령대가 프로그램 참여수당으로부터 받는 영향을 알아보기 위해 프로그램 참여수당으로부터의 하위 요인인 1단계 참여수당, 2단계 참여수당, 3단계 참여수당, 취업성공수당, 참여수당에 대한 전반적인 만족도와의 관계를 독립변인으로, 연령대를 종속변인으로 설정하고 다중회귀분석을 실시하였다.

표 53. 프로그램 참여수당으로부터 받는 영향

종속 변수	독립 변수	표준 오차	β	t값	유의 확률	공선성 통계량	
						공차	VIF
연령 대별	상수	.245		11.250	.000		
	참여수당 만족도	.123	-.328	-2.672	.008	.214	4.677
	2단계 참여수당	.154	.507	3.089	.002	.120	8.330
	1단계 참여수당	.143	-.364	-2.380	.018	.138	7.250
	R=.264, R^2=.070, 수정된 R^2=.060, F=7.186, p=.000, Dublin-Watson=1.700						

*p<0.05, **p<0.01

회귀모형은 F통계값이 p=0.000에서 7.186의 수치를 보이며, 회귀식에 대한 R^2=.0.070로 7.0%(수정계수에 의하면 6.0%)의 설명력을 보이고 있다. Dubin-Watson은 1.700으로 잔차들 간의 상관관계가 없어 회귀모형이 적합한 것으로 나타나고 있다. 프로그램 참여수당으로부터 받는 영향을 분석한 결과 참여수당에 대한 전체적인 만족도(t=-2.672, p<.05)가 연령대에 유의미한 영향을 미치고 있는 것으로 나타났다. 또한, 연령대에 영향을 미치는 하위 요인의 중요도를 판단하기 위하여 1단계 참여수당과 2단계 참여수당의 표준화 회귀계수 β값을 비교한 결과 1단계 참여수당 만족도(β=-.364), 2단계 참여수당 만족도(β=.507)로 나타나 1단계 참여수당이 더 강한 영향을 미치는 것을 알 수 있다.

(2) 최종 학력

가. 초기상담서비스로부터 받는 영향 분석

최종 학력에 대한 직업선호도검사로부터 받는 영향을 알아보기 위해 직업선호도검사의 하위 요인인 프로그램에 대한 개요 및 진행절차에 대한 안내, 상담시간 배분의 적절성, 상담 내용의 이해, 상담이 진로에 결정에 도움 관계를 독립변인으로, 최종 학력을 종속변인으로 설정하고 다중회귀분석을 실시하였다.

회귀모형은 F통계값이 p=0.000에서 20.829의 수치를 보이며, 회귀식에 대한 R^2=.0.126으로 12.6%(수정계수에 의하면 12.0%)의 설명력을 보이고 있다. Dubin-Watson은 1.733으로 잔차들 간의 상관관계가 없어 회귀 모형이 적합한 것으로 나타나고 있다. 초기상담서비스의 하위 요인과 최종 학력과 영향관계를 분석한 결과 상담 내용은 적절하고 이해할 수 있는가(t=-3.412, p<.05)가 최종 학력에 유의미한 영향을 미치고 있는 것으로 나타났다. 또한, 최종 학력에 영향을 미치는 하위 요인의 중요도를 판단하기 위하여 상담시간 배분은 적정하였는가와 상단내용은 적정하고 이해할 수 있는가의 표준화 회귀계수 β값을 비교한 결과 상담내용 적절(β=-.313), 상담시간 배분(β=.552)으로 나타나 상담내용이 적절하였다가 더 강한 영향을 미치는 것을 알 수 있다.

표 54. 초기상담서비스로부터 받는 영향

종속 변수	독립 변수	표준 오차	β	t값	유의 확률	공선성 통계량	
						공차	VIF
연령 대별	상수	.208		13.140	.000		
	취업에 도움	.073	.552	6.013	.000	.358	2.790
	참여기간적절	.070	-.313	-3.412	.001	.358	2.790
	R=.355 , R^2=.126, 수정된 R^2=.120, F=20.829, p=.000, Dublin-Watson=1.733						

*p<0.05, **p<0.01

나. 직업선호도검사, 구직준비도 결과해석 서비스 지원으로부터 받는 영향 분석

최종 학력이 직업선호도검사로부터 받는 영향을 알아보기 위해 직업선호도검사의 하위 요인인 직업선호도 및 구직준비도검사 결과해석에 대한 전체적인 만족도, 결과해석에 대한 상담사의 전문성, 구직준비도 결과해석이 구직에 도움 여부, 직업선호도 검사 결과해석을 통해 구직자의 적성, 흥미, 특성을 이해하는데 도움, 직업선호도검사 결과해석은 진로 결정에 도움, 직업선호도 검사 결과해석은 이해하기 쉽게 전달되었는가의 관계를 독립변인으로, 최종 학력을 종속변인으로 설정하고 다중회귀분석을 실시하였다.

회귀모형은 F통계값이 p=0.000에서 11.761의 수치를 보이며, 회귀식에 대한 R^2=.0.039으로 3.9%(수정계수에 의하면 3.6%)의 설명력을 보이고 있다. Dubin-Watson은 1.614로 잔차들 간의 상관관계가 없어 회귀 모형이 적합한 것으로 나타나고 있다. 직업선호도검사, 구직준비도 결과해석 서비스지원의 하위 요인과 최종 학력과 영향관계를 분석한 결과 직업선호도 검사 결과해석은 진로결정에 도움 되었는가(t=3.429, p<.05)가 최종 학력에 유의미한 영향을 미치고 있는 것으로 나타났다.

표 55. 직업선호도 서비스로부터 받는 영향

종속 변수	독립 변수	표준 오차	β	t값	유의 확률	공선성 통계량	
						공차	VIF
연령 대별	상수	.361		7.950	.000		
	진로결정에 도움	.042	.197	3.429	.001	1.000	1.000
	R=.197, R^2=.039, 수정된 R^2=.036, F=11.761, p=.001, Dublin-Watson=1.756						

*p<0.05, **p<0.01

다. 취업지원계획(IAP)수립 지원으로부터 받는 영향 분석

최종 학력이 취업지원계획(IAP)으로부터 받는 영향을 알아보기 위해 취업지원계획의 하위 요인인 만족 정도, 시간 배정, 작성 안내, 충분한 작성 도움과의 관계를 독립변인으로, 최종 학력을 종속변인으로 설정하고 다중회귀분석을 실시하였다.

회귀모형은 F통계값이 p=0.000에서 16.440의 수치를 보이며, 회귀식에 대한 R^2=.0.054로 5.4%(수정계수에 의하면 5.0%)의 설명력을 보이고 있다. Dubin-Watson은 1.756으로 잔차들 간의 상관관계가 없어 회귀모형이 적합한 것으로 나타나고 있다. 취업지원계획(IAP)관계를 분석한 결과 작성안내 설명(t=4.055, p<.05)만 최종 학력에 유의미한 영향을 미치고 있는 것으로 나타났다.

표 56. 취업지원계획(IAP)로부터 받는 영향

종속 변수	독립 변수	표준 오차	β	t값	유의 확률	공선성 통계량	
						공차	VIF
연령 대별	상수	.209		13.342	.000		
	작성안내	.046	.232	4.055	.000	1.000	1.000
	$R=.232$, $R^2=.054$, 수정된 $R^2=.050$, $F=16.440$, $p=.000$, Dublin-Watson=1.756						

*p<0.05, **p<0.01

라. 직업훈련 서비스 지원으로부터 받는 영향 분석

최종 학력이 직업훈련 서비스 지원으로부터 받는 영향을 알아보기 위해 직업훈련서비스지원의 하위 요인인 전체적인 만족도, 제공된 자격증, 교육, 직업훈련 정보는 직업훈련 결정에 도움이 되었는지, 훈련기관 연계, 직업훈련 참여 기간 적절, 직업훈련의 취업 도움의 관계를 독립변인으로, 최종 학력을 종속변인으로 설정하고 다중회귀분석을 실시하였다.

회귀모형은 F통계값이 p=0.000에서 13.416의 수치를 보이며, 회귀식에 대한 R^2=.0.044로 4.4%(수정계수에 의하면 4.1%)의 설명력을 보이고 있다. Dubin-Watson은 1.751로 잔차들 간의 상관관계가 없어 회귀모형이 적합한 것으로 나타나고 있다. 직업훈련 서비스지원을 분석한 결과 직업훈련 참여기간(t=3.663, p<.05)만 최종 학력에 유의미한 영향을 미치고 있는 것으로 나타났다.

표 57. 직업훈련 서비스 지원으로부터 받는 영향

종속변수	독립변수	표준오차	β	t값	유의확률	공선성 통계량	
						공차	VIF
최종학력	상수	.209		13.762	.000		
	훈련기간	.046	.210	3.663	.000	1.000	1.000
	R=.210, R^2=.044, 수정된 R^2=.041, F=13.416, p=.000, Dublin-Watson=1.751						

*p<0.05, **p<0.01

마. 집중 취업알선 서비스로부터 받는 영향 분석

최종 학력이 집중 취업알선 서비스로부터 받는 영향을 알아보기 위해 집중 취업알선 서비스로부터의 하위 요인인 전체적인 만족도, 취업에 도움, 취업희망시기 적합, 채용정보 횟수, 클리닉 서비스 지원, 상담자의 면접 동행 서비스의 관계를 독립변인으로, 최종 학력을 종속변인으로 설정하고 다중회귀분석을 실시하였다.

회귀모형은 F통계값이 p=0.011에서 6.506의 수치를 보이며, 회귀식에 대한 R^2=.0.022로 2.2%(수정계수에 의하면 1.9%)의 설명력을 보이고 있다. Dubin-Watson은 1.740으로 잔차들 간의 상관관계가 없어 회귀모형이 적합한 것으로 나타나고 있다. 집중 취업알선 서비스를 분석한 결과 제공된 채용정보 횟수가 만족스러웠는가(t=2.551, p<.05)만 연령대별에 유의미한 영향을 미치고 있는 것으로 나타났다.

표 58. 최종 학력에 따른 집중 취업알선 서비스로부터 받는 영향

종속변수	독립변수	표준오차	β	t값	유의확률	공선성 통계량	
						공차	VIF
최종 학력	상수	.173		18.524	.000		
	채용정보 횟수	.038	.148	2.551	.011	1.000	1.000
	R=.148, R^2=.022, 수정된 R^2=.019, F=6.506, p=.011, Dublin-Watson=1.740						

*p<0.05, **p<0.01

바. 직업상담사로부터 받는 영향 분석

최종 학력이 직업상담사로부터 받는 영향을 알아보기 위해 직업상담사로부터의 하위 요인인 직업 및 진로상담에 대한 전문지식, 상담태도, 업무처리능력, 구인정보제공 및 취업알선 매칭 능력, 이력서, 자기소개서, 클리닉, 면접 코칭, 직업상담사의 역량이 취업 성공에 미치는 영향의 관계를 독립변인으로, 최종 학력을 종속변인으로 설정하고 다중회귀분석을 실시하였다.

회귀모형은 F통계값이 p=0.000에서 8.692의 수치를 보이며, 회귀식에 대한 R^2=.0.083으로 8.3%(수정계수에 의하면 7.3%)의 설명력을 보이고 있다. Dubin-Watson은 1.791로 잔차들 간의 상관관계가 없어 회귀모형이 적합한 것으로 나타나고 있다. 직업상담사로부터 받는 영향을 분석한 결과 직업상담사의 업무처리 능력(t=-2.993, p<.05)이 최종 학력에 가

장 높은 유의미한 영향을 미치고 있는 것으로 나타났다. 또한, 최종 학력에 영향을 미치는 하위 요인의 중요도를 판단하기 위하여 업무처리능력과 구인정보제공, 취업알선매칭능력의 표준화 회귀계수 β값을 비교한 결과 직업상담사의 업무처리능력(β=-.372), 구인정보제공, 취업알선매칭능력(β=.253)으로 나타나 업무처리능력이 더 강한 영향을 미치는 것을 알 수 있다.

표 59. 직업상담사로부터 받는 영향

종속 변수	독립 변수	표준 오차	β	t값	유의 확률	공선성 통계량	
						공차	VIF
최종 학력	상수	.223		12.625	.000		
	클리닉서비스	.088	.334	3.125	.002	.279	3.581
	업무처리능력	.100	-.372	-2.993	.003	.206	4.860
	취업알선	.097	.253	2.099	.037	.219	4.576
	R=.288, R^2=.083, 수정된 R^2=.073, F=8.692, p=.000, Dublin-Watson=1.791						

*p<0.05, **p<0.01

사. 프로그램 참여수당으로부터 받는 영향 분석

최종 학력이 프로그램 참여수당으로부터 받는 영향을 알아보기 위해 프로그램 참여수당으로부터의 하위 요인인 1단계 참여수당, 2단계 참여수당, 3단계 참여수당, 취업성공수당, 참여수당에 대한 전반적인 만족도와의 관계를 독립변인으로, 최종 학력을 종속변인으로 설정하고 다중회귀분석을 실시하였다.

표 60. 프로그램 참여수당으로부터 받는 영향

종속 변수	독립 변수	표준 오차	β	t값	유의 확률	공선성 통계량	
						공차	VIF
최종 학력	상수	.150		21.479	.000		
	취업성공 수당	.035	.159	2.747	.006	1.000	1.000
	R=.159, R^2=.025, 수정된 R^2=.022, F=7.545, p=.000, Dublin-Watson=1.721						

*p<0.05, **p<0.01

회귀모형은 F통계값이 p=0.000에서 7.545의 수치를 보이며, 회귀식에 대한 R^2=.0.025로 2.5%(수정계수에 의하면 2.2%)의 설명력을 보이고 있다. Dubin-Watson은 1.721로 잔차들 간의 상관관계가 없어 회귀모형이 적합한 것으로 나타나고 있다. 프로그램 참여수당으부터 받는 영향을 분석한 결과 참여수당에 대한 취업성공수다(t=2.747, p<.05)가 연령대에 유의미한 영향을 미치고 있는 것으로 나타났다.

(3) 자격증보유 갯수

가. 직업훈련 서비스 지원으로부터 받는 영향 분석

자격증보유 개수가 직업훈련 서비스 지원으로부터 받는 영향을 알아보기 위해 직업훈련서비스지원의 하위 요인인 전체적인 만족도, 제공된 자격증, 교육, 직업훈련 정보는 직업훈련 결정에 도움이 되었는지, 훈련기관 연계, 직업훈련 참여기간 적절, 직업훈련의 취업도움의 관계를 독립변인으로, 자격증보유 갯수를 종속변인으로 설정하고 다중회귀분석을 실시하였다.

표 61. 직업훈련 서비스 지원으로부터 받는 영향

종속 변수	독립 변수	표준 오차	β	t값	유의 확률	공선성 통계량	
						공차	VIF
자격증 개수	상수	.335		6.478	.000		
	취업에 도움	.073	.123	2.106	.036	1.000	1.000
	R=.123, R^2=.015, 수정된 R^2=.012, F=4.437, p=.036, Dublin-Watson=1.895						

*p<0.05, **p<0.01

회귀모형은 F통계값이 p=0.036에서 4.437의 수치를 보이며, 회귀식에 대한 R^2=.0.015로 1.5%(수정계수에 의하면 1.2%)의 설명력을 보이고 있다. Dubin-Watson은 1.895로 잔차들간의 상관관계가 없어 회귀모형이 적합한 것으로 나타나고 있다. 직업훈련 서비스지원을 분석한 결과 직업훈련이 취업에 도움이 되었다(t=2.106, p<.05)만 자격증보유 개수에 유의미한 영향을 미치고 있는 것으로 나타났다.

(4) 미취업기간

가. 취업지원계획(IAP)수립 지원으로부터 받는 영향 분석

미취업기간이 취업지원계획(IAP)으로부터 받는 영향을 알아보기 위해 취업지원계획의 하위 요인인 만족정도, 시간배정, 작성안내, 충분한 작성도움과의 관계를 독립변인으로, 미취업기간을 종속변인으로 설정하고 다중회귀분석을 실시하였다.

표 62. 미취업기간의 취업지원계획(IAP)로부터 받는 영향

종속 변수	독립 변수	표준 오차	β	t값	유의 확률	공선성 통계량	
						공차	VIF
미취업 기간	상수	.392		8.755	.000		
	시간배정	.087	-.148	-2.555	.011	1.000	1.000
	R=.148, R^2=.022, 수정된 R^2=.019, F=6.528, p=.000, Dublin-Watson=1.620						

*p<0.05, **p<0.01

회귀모형은 F통계값이 p=0.000에서 6.528의 수치를 보이며, 회귀식에 대한 R^2=.0.022로 2.2%(수정계수에 의하면 1.9%)의 설명력을 보이고 있다. Dubin-Watson은 1.620으로 잔차들 간의 상관관계가 없어 회귀 모형이 적합한 것으로 나타나고 있다. 취업지원계획관계를 분석한 결과 취업지원계획 수립을 위한 시간배정(t=-2.555, p<.05)만 미취업기간에 유의

미한 영향을 미치고 있는 것으로 나타났다.

나. 직업훈련 서비스 지원으로부터 받는 영향 분석

미취업기간이 직업훈련 서비스 지원으로부터 받는 영향을 알아보기 위해 직업훈련서비스지원의 하위 요인인 전체적인 만족도, 제공된 자격증, 교육, 직업훈련 정보는 직업훈련 결정에 도움이 되었는지, 훈련기관 연계, 직업훈련 참여 기간 적절, 직업훈련의 취업도움의 관계를 독립변인으로, 미취업기간을 종속변인으로 설정하고 다중회귀분석을 실시하였다.

표 63. 미취업기간의 직업훈련 서비스 지원으로부터 받는 영향

종속 변수	독립 변수	표준 오차	β	t값	유의 확률	공선성 통계량	
						공차	VIF
미취업 기간	상수	.473		7.264	.000		
	전체적인 만족도	.102	-.123	-2.117	.035	1.000	1.000
	R=.123, R^2=.015, 수정된 R^2=.012, F=4.480, p=.035, Dublin-Watson=1.639						

*p<0.05, **p<0.01

회귀모형은 F통계값이 p=0.000에서 4.480의 수치를 보이며, 회귀식에 대한 R^2=0.015로 1.5%(수정계수에 의하면 1.2%)의 설명력을 보이고 있다. Dubin-Watson은 1.639로 잔차들 간의 상관관계가 없어 회귀 모형이 적합한 것으로 나타

나고 있다. 직업훈련 서비스지원을 분석한 결과 직업훈련 참여기간(t=-2.117, p<.05)만 미취업기간에 유의미한 영향을 미치고 있는 것으로 나타났다.

다. 직업상담사로부터 받는 영향 분석

미취업기간이 직업상담사로부터 받는 영향을 알아보기 위해 직업상담사로부터의 하위 요인인 직업 및 진로상담에 대한 전문지식, 상담태도, 업무처리능력, 구인정보제공 및 취업알선 매칭 능력, 이력서, 자기소개서, 클리닉, 면접 코칭, 직업상담사의 역량이 취업성공에 미치는 영향의 관계를 독립변인으로, 미취업기간을 종속변인으로 설정하고 다중회귀분석을 실시하였다.

표 64. 미취업기간의 직업상담사로부터 받는 영향

종속 변수	독립 변수	표준 오차	β	t값	유의 확률	공선성 통계량	
						공차	VIF
미취업 기간	상수	.431		7.288	.000		
	클리닉 면접코칭	.153	-.266	-2.677	.008	.332	3.010
	상담사 전문지식	.185	.372	3.134	.002	.233	4.294
	상담태도	.165	-.232	-2.005	.046	.244	4.091
	R=.236, R^2=.056, 수정된 R^2=.046, F=5.645, p=.001, Dublin-Watson=1.743						

*p<0.05, **p<0.01

회귀모형은 F통계값이 p=0.001에서 5.645의 수치를 보이며, 회귀식에 대한 R^2=.0.056으로 5.6%(수정계수에 의하면 4.6%)의 설명력을 보이고 있다. Dubin-Watson은 1.743으로 잔차들 간의 상관관계가 없어 회귀 모형이 적합한 것으로 나타나고 있다. 직업상담사로부터 받는 영향을 분석한 결과 이력서, 자기소개서, 클리닉, 면접코칭(t=-2.677, p<.05)이 미취업기간에 가장 높은 유의미한 영향을 미치고 있는 것으로 나타났다. 또한, 미취업기간에 영향을 미치는 하위 요인의 중요도를 판단하기 위하여 이력서, 자기소개서, 클리닉, 면접코칭과 직업상담사의 전문지식 및 상담 태도의 표준화 회귀계수 β값을 비교한 결과 이력서, 자기소개서, 클리닉, 면접코칭(β=-.266), 직업상담사의 상담태도(β=-.232), 직업상담사의 전문지식(β=.372)으로 나타나 이력서, 자기소개서, 클리닉, 면접코칭이 직업상담사의 상담태도나 직업상담사의 전문지식보다 미취업기간에 더 강한 영향을 미치는 것을 알 수 있다. 따라서 직업상담사의 하위 요인 중 이력서, 자기소개서, 클리닉, 면접코칭과 직업상담사의 상담태도나 직업상담사의 전문지식이 높을수록 미취업기간에 영향을 주는 것으로 나타났다

(5) 참여 경로

가. 직업선호도검사, 구직준비도 결과해석 서비스 지원으로부터 받는 영향 분석

참여 경로가 직업선호도검사로부터 받는 영향을 알아보기

위해 직업선호도검사의 하위 요인인 직업선호도 및 구직준비도 검사 결과해석에 대한 전체적인 만족도, 결과해석에 대한 상담사의 전문성, 구직준비도 결과해석이 구직에 도움 여부, 직업선호도 검사 결과해석을 통해 구직자의 적성, 흥미, 특성을 이해하는데 도움, 직업선호도검사 결과해석은 진로 결정에 도움, 직업선호도 검사 결과해석은 이해하기 쉽게 전달되었는가의 관계를 독립변인으로, 참여경로를 종속변인으로 설정하고 다중회귀분석을 실시하였다.

표 65. 참여 경로의 직업선호도검사, 구직준비도 결과해석 서비스 지원으로부터 받는 영향 분석

종속 변수	독립 변수	표준 오차	β	t값	유의 확률	공선성 통계량	
						공차	VIF
미취업 기간	상수	.306		11.541	.000		
	검사결과 해석	.114	-.470	-4.822	.000	.336	2.973
	상담사의 전문성	.106	.397	4.068	.000	.336	2.973
	R=.273, R^2=.075, 수정된 R^2=.068, F=11.654, p=.000, Dublin-Watson=1.971						

*p<0.05, **p<0.01

회귀모형은 F통계값이 p=0.000에서 11.654의 수치를 보이며, 회귀식에 대한 R^2=.0.075으로 7.5%(수정계수에 의하면

6.8%)의 설명력을 보이고 있다. Dubin-Watson은 1.971로 잔차들 간의 상관관계가 없어 회귀모형이 적합한 것으로 나타나고 있다. 직업선호도검사, 구직준비도 결과해석 서비스 지원의 하위 요인과 참여경로의 영향관계를 분석한 결과 직업선호도, 구직준비도 결과해석에 대한 전체적인 만족도 ($t=-4.822$, $p<.05$)가 참여 경로에 유의미한 영향을 미치고 있는 것으로 나타났다. 또한, 참여경로에 영향을 미치는 하위 요인의 중요도를 판단하기 위하여 검사결과해석과 결과해석에 대한 상담사의 전문성의 표준화 회귀계수 β값을 비교한 결과, 직업선호도, 구직준비도검사 결과해석에 대한 전체적인 만족도($\beta=-.470$), 상담사의 전문성($\beta=.397$)으로 나타나 직업선호도, 구직준비도 검사결과해석에 대한 전체적인 만족도가 상담사의 전문성보다 참여경로에 더 강한 영향을 미치는 것을 알 수 있다

나. 직업상담사로부터 받는 영향 분석

참여 경로가 직업상담사로부터 받는 영향을 알아보기 위해 직업상담사로부터의 하위 요인인 직업 및 진로상담에 대한 전문지식, 상담태도, 업무처리능력, 구인정보제공 및 취업알선 매칭 능력, 이력서, 자기소개서, 클리닉, 면접 코칭, 직업상담사의 역량이 취업 성공에 미치는 영향의 관계를 독립변인으로, 참여경로를 종속변인으로 설정하고 다중회귀분석을 실시하였다.

표 66. 참여 경로의 직업상담사로부터 받는 영향

종속 변수	독립 변수	표준 오차	β	t값	유의 확률	공선성 통계량	
						공차	VIF
미취업 기간	상수	.336		9.051	.000		
	상담태도	.128	-.517	-4.489	.000	.244	4.091
	클리닉 면접코칭	.119	.215	2.175	.030	.332	3.010
	전문지식	.144	.256	2.171	.031	.233	4.294
	R=.259, R^2=.067, 수정된 R^2=.057, F=6.916, p=.000, Dublin-Watson=1.928						

*p<0.05, **p<0.01

회귀모형은 F통계값이 p=0.000에서 6.916의 수치를 보이며, 회귀식에 대한 R^2=.0.067로 6.7%(수정계수에 의하면 5.7%)의 설명력을 보이고 있다. Dubin-Watson은 1.926으로 잔차들 간의 상관관계가 없어 회귀모형이 적합한 것으로 나타나고 있다. 직업상담사로부터 받는 영향을 분석한 결과, 직업상담사의 상담 태도(공감, 경청, 소통)(t=-43489, p<.05)가 참여경로에 가장 높은 유의미한 영향을 미치고 있는 것으로 나타났다. 또한, 참여경로에 영향을 미치는 하위 요인의 중요도를 판단하기 위하여 직업상담사의 상담태도와 이력서, 자기소개서, 클리닉, 면접코칭 및 직업상담사의 전문지식 표준화 회귀계수 β값을 비교한 결과, 직업상담사의 상담 태도(β=-.517), 이력서, 자기소개서, 클리닉, 면접코칭(β=.215), 직

업상담사의 상담 태도(β=.256)로 나타났다. 따라서, 직업상담사의 하위 요인 중 직업상담사의 상담태도와 이력서, 자기소개서, 클리닉, 면접코칭 및 직업상담사의 전문지식이 높을수록 미취업기간에 영향을 주는 것으로 나타났다.

제5절 취업지원서비스 만족도 모형개발

1. 요인분석을 활용한 요인추출

본 장의 4절까지는 취업성공패키지사업 참여자의 취업지원서비스 만족도에 영향을 미치는 요인을 확인하기 위하여 교차분석과 회귀분석을 수행하였다. 본 연구에서의 만족도 모형이란 취업성공패키지사업 참여자의 만족도와 영향요인 간의 관계를 나타내는 모형으로, 개발된 모형을 통해 향후 취업성공패키지 사업의 발전 방향 및 정책적 방향을 제시하고자 하였다. 본 연구에서는 이용자 설문조사 결과를 바탕으로 요인분석과 다중회귀분석을 이용하여 취업지원서비스 만족도 모형을 구축하였다.

설문조사를 통해 얻어진 취업지원서비스 만족도가 취업성공패키지사업 참여자의 전반적인 만족도와의 관계를 분석하기 위하여 먼저 요인분석을 실시하였다. 요인분석을 통하여 29개의 취업지원서비스 만족도 간의 상관관계를 바탕으로 변수의 개수를 줄이고자 하였다.

요인분석결과 KMO 측도 값이 0.939로 나타났다. 이는 일반적인 기준치 0.6보다 높게 나타났으므로 KMO 측도 값 측면에서 적합하다고 할 수 있다. 다음으로 공통성 항목에서 주성분분석을 통한 공통성 추출 값이 모두 0.4이상으로 공통성이 적합하다고 볼 수 있다. 다음으로 요인적재량(성분행렬)에서 모든 값이 0.4 이상으로 요인적재량도 적합하다고 볼 수 있어 취업지원서비스 29개의 측정항목은 다음의 표와 같이 3개의 변수로 구성하기에 타당하다. 본 연구에서는 29개의 취업지원서비스를 다음의 표와 같이 3개의 성분으로 명명하였다. 첫 번째는 직업상담사의 업무처리능력, 상담 태도, 면접코칭 등 직접적인 직업상담사의 업무역량에 따라 만족도에 미치는 항목으로 "상담사 역량"으로 구분하였다. 두 번째는 직업선호도검사, 초기상담, 면접클리닉서비스 등 취업성공패키지 사업에서 제공하는 취업지원서비스에 따라 만족도에 미치는 항목으로 "취업지원서비스"라고 명명하였다. 마지막 세 번째는 1단계·2단계·3단계·취업성공수당 등의 취업성공패키지 사업 참여자에게 제공되는 수당과 관련된 항목으로 본 연구에서는 "참여수당" 항목으로 명명하였다.

표 67. 요인 분석을 통한 성분 행렬

변수 명	공통성	성분			비고
		1	2	3	
직업상담사의 업무처리 능력	0.824	.816			
직업상담사의상담태도	0.775	.799			
클리닉면접코칭	0.790	.797			
직업상담사의 구인정보제공	0.792	.789			
직업상담사의 역량	0.765	.787			
직업선호도검사 해석 전문성	0.837	.785			
초기상담에 대한 안내	0.770	.774			
초기상담 시간배분	0.788	.764			

변수 명	공통성	성분			비고
		1	2	3	
초기상담 내용 적절성	0.700	.747			
훈련기관 연계 적절성	0.769	.737			
IAP 작성 안내	0.769	.735			
면접 동행 서비스	0.715	.719			
구직준비도결과 구직 도움	0.740	.703			
IAP 시간배정	0.676	.667			
직업훈련 참여 기간 적절	0.644	.654			
직업훈련은 취업에 도움	0.613	.638			
직업선호도검사 적성 이해	0.876		.799		
직업선호도검사 진로에 도움	0.853		.776		
초기상담은 진로 결정에 도움	0.843		.745		
클리닉 서비스 지원	0.828		.723		
직업선호도검사 결과해석 이해	0.829		.718		
훈련정보 직업훈련 결정 도움	0.736		.713		
채용정보는 취업희망 시기 적합	0.766		.672		
제공된 채용정보 횟수	0.775		.669		
제공된 취업 취업에 도움	0.767		.575		
2단계참여수당	0.936			.905	
3단계참여수당	0.919			.901	
1단계참여수당	0.882			.874	
취업성공수당	0.792			.750	
요인명		상담사 역량	취업 지원 서비스	지원 수당	
Kaiser-Meyer-Olkin 측도	.939				
	근사 χ^2	12189.840			
	자유도	406			
	유의확률	.000			

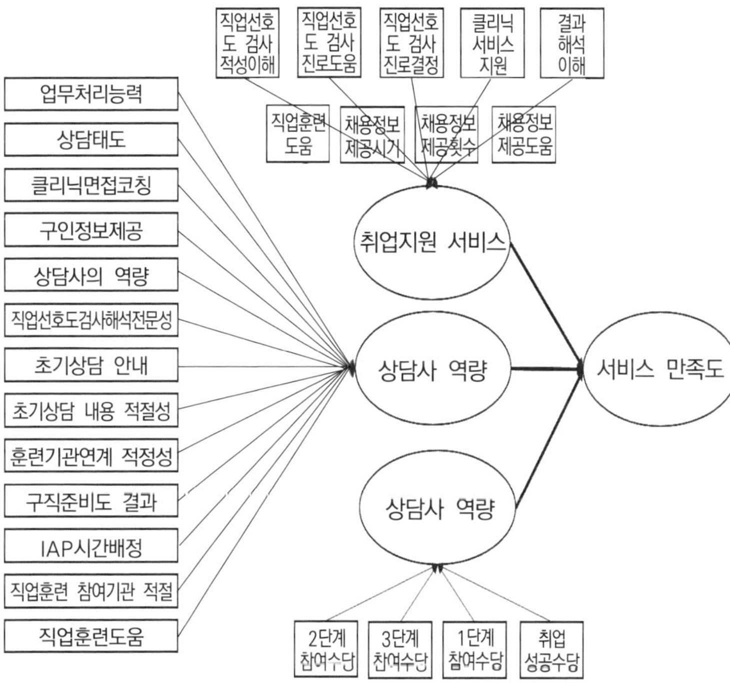

그림 12. 취업지원서비스 만족도 요인 분석결과

2. 다중회귀분석을 이용한 모형개발

본 연구에서는 요인분석을 통해 얻어진 요인과 취업성공패키지사업 전반적인 만족도와 관계를 통해 취업지원서비스 만족도 모형을 개발코자 하였다. 취업지원서비스 만족도 모형을 통해 향후 취업성공패키지의 정책적 방향성을 제시하고자 하였다.

앞 절에서의 요인분석을 통해 얻어진 3가지 요인인 "상담사 역량", "취업지원서비스", "참여수당"을 변수를 독립변수로 설정하였고, 취업성공패키지사업 참여자의 전반적인 만족도를 종속변수로 설정하여 취업지원서비스 만족도 분석을 위한 모형개발을 위해 다중회귀분석을 수행하였다. 본 연구에서는 다중회귀분석의 변수선택방법으로 stepwise방법을 사용하여 모든 변수를 포함한 모델에서 시작하여 기준에 통계치를 개선시키는 변수를 차례로 삭제 및 추가를 반복하여 모형을 개발하였다.

모형 1 :

$$Y = 4.428 + 0.552 * X_1$$

여기서 : Y = 취업성공패키지 참여자 만족도

X_1 = 지원수당

다중회귀분석결과 모형 1은 지원수당을 독립변수로 하는 모형이 개발되었으며, 유의확률이 0.05 미만으로 통계적으로 유의한 것으로 분석되었다. 하지만 모형 1의 설명력은 0.305로 지원수당만으로 취업지원서비스 만족도에 미치는 영향력은 낮은 것으로 확인되었다.

모형 2 :

$$Y = 4.428 + 0.552 * X_1 + 0.438 * X_2$$

여기서 : Y = 취업성공패키지 참여자 만족도

X_1 = 지원수당

X_2 = 취업지원서비스

다중회귀분석결과 모형 2는 지원수당과 취업지원서비스 요인을 독립변수로 하는 모형이 개발되었으며, 유의확률이 0.05 미만으로 통계적으로 유의한 것으로 분석되었다. 모형2의 설명력은 모형 1의 설명력보다 높은 0.496으로 확인되었다.

모형 3 :

$$Y = 4.428 + 0.552 * X_1 + 0.438 * X_2 + 0.432 * X_3$$

여기서 : Y = 취업성공패키지 참여자 만족도

X_1 = 지원수당

X_2 = 취업지원서비스

X_3 = 상담사역량

다중회귀분석결과 모형 3은 지원수당과 취업지원서비스 및 상담사역량 요인을 독립변수로 하는 모형이 개발되었으며, 유의확률이 0.05 미만으로 통계적으로 유의한 것으로 분석되었다. 모형 3의 설명력은 모형 1과 모형 2의 설명력보다 높은 0.683으로 확인되었다. 이는 요인분석을 통해 얻어진 3가지 요인이 취업성공패키지사업 참여자의 만족도의 68.3%를 설명한다고 이해할 수 있다.

다중회귀분석결과 모형 1은 “지원수당”을 변수로 하고 있고, 모형 2는 “지원수당”, “취업지원서비스”, 모형 3은 “지원수당”, “취업지원서비스”, “상담사역량”을 변수로 하는 모형이 설정되었다. 모형의 설명력을 나타내는 R^2값을 보면 모형3에서 0.683을 가장 높은 설명력을 보이고 있고, 일반적으로 모형에 포함된 변수가 증가함에 따라 R^2이 증가하는 경향을 보이게 되는데 모형 2의 R^2값이 0.496으로 상담사역량이 변수가 추가됨으로써 설명력이 18.7%로 높아지므로 모형3을 최종 모형으로 선택하는 것이 타당할 것으로 판단되어진다.

독립변수인 "상담사역량", "취업지원서비스", "지원수당"이 취업지원서비스 만족도 분석결과 3개의 독립변수 모두 유의확률이 0.05보다 낮게 나타나 통계적으로 유의한 수준에서 서비스만족도에 영향을 미치는 것을 알 수 있었다. 지원수당의 베타 값이 0.552로 나타나 서비스만족도에 가장 큰 영향을 미치는 것으로 확인하였다. 다음으로 취업지원서비스가 0.438, 상담사역량이 0.432 순으로 서비스만족도에 영향을 미치는 것으로 분석되었다.

표 68. 취업지원서비스 만족도에 영향을 미치는 독립변수 변인

모형		비표준화 계수		표준화 계수	t	유의확률	F	R^2 ($adj.R^2$)
		B	표준오차	베타				
1	(상수)	4.428	.038		115.98	.000	126.98	.305 (.302)
	지원수당	.431	.038	.552	11.26	.000		
2	(상수)	4.428	.033		136.06	.000	142.43	.496 (.493)
	지원수당	.431	.033	.552	13.22	.000		
	취업지원서비스	.342	.033	.438	10.49	.000		
3	(상수)	4.428	.026		171.29	.000	207.18	.683 (.680)
	지원수당	.431	.026	.552	16.64	.000		
	취업지원서비스	.342	.026	.438	13.21	.000		
	상담사역량	.338	.026	.432	13.04	.000		

*** p<.001

제6절 분석결과 요약

H_1 : 취업성공패키지사업 참여자의 연령에 따라 취업지원서비스(초기상담서비스, 직업선호도검사, 취업지원계획, 직업훈련서비스, 취업알선서비스, 직업상담사역량, 참여수당) 만족도에 긍정적인 영향을 미칠 것이다.(부분채택)

취업성공패키지사업 참여자의 연령에 따른 취업지원서비스 만족도 분석결과 연령이 낮을수록 만족도가 높은 것으로 일부 취업지원서비스에서 유의미한 차이가 있는 것으로 확인되었다.

H_2 : 취업성공패키지사업 참여자의 최종 학력에 따라 취업지원서비스(초기상담서비스, 직업선호도검사, 취업지원계획, 직업훈련서비스, 취업알선서비스, 직업상담사역량, 참여수당) 만족도에 긍정적인 영향을 미칠 것이다.(부분채택)

본 연구에서는 취업성공패키지사업 참여자의 최종 학력에 따른 취업지원서비스 만족도 분석결과 고학력자일수록 취업지원서비스의 만족도가 높은 것으로 확인되었다. 일부 취업지원서비스에서 유의미한 차이가 있는 것으로 확인되었다. 이는 기존의 연구와 동일한 결과를 보이는 것으로 확인되었다.

> H_3 : 취업성공패키지사업 참여자의 보유자격증 개수에 따라 취업지원서비스(초기상담서비스, 직업선호도검사, 취업지원계획, 직업훈련서비스, 취업알선서비스, 직업상담사역량, 참여수당) 만족도에 긍정적인 영향을 미칠 것이다.(부분채택)

취업성공패키지사업 참여자의 보유자격증 개수에 따른 취업지원서비스 만족도 분석결과 보유자격증 개수에 따라 일부 취업지원서비스에서 유의미한 차이가 있는 것으로 확인되었다.

> H_4 : 취업성공패키지사업 참여자의 미취업기간에 따라 취업지원서비스(초기상담서비스, 직업선호도검사, 취업지원계획, 직업훈련서비스, 취업알선서비스, 직업상담사역량, 참여수당) 만족도에 긍정적인 영향을 미칠 것이다.(부분채택)

취업성공패키지사업 참여자의 미취업기간에 따른 취업지원서비스 만족도 분석결과 미취업기간이 짧을수록 취업지원서비스 만족도가 높은 것으로 확인되었다. 일부 취업지원서비스에서 통계적으로 유의미한 차이가 있는 것으로 확인되었다.

H_5 : 취업성공패키지사업 참여자의 참여경로에 따라 취업지원서비스(초기상담서비스, 직업선호도검사, 취업지원계획, 직업훈련서비스, 취업알선서비스, 직업상담사역량, 참여수당) 만족도에 긍정적인 영향을 미칠 것이다.(부분채택)

취업성공패키지사업 참여자의 참여 경로에 따라 취업지원서비스 만족도 분석결과 참여 경로에 따라 일부취업지원서비스에서 유의미한 차이가 있는 것으로 확인되었다.

본 연구에서는 취업성공패키지사업 참여자의 서비스만족도에 미치는 영향을 확인하기 위하여 요인분석과 다중회귀분석을 통해 서비스만족도 모형을 개발하였다. 본 연구에서의 요인분석결과 취업서비스만족도에 미치는 요인으로 “지원수당”, “취업지원서비스”, “상담사역량”으로 만족도에 영향을 미치는 것으로 확인되었다. 또한 취업성공패키지 사업의 만족도에 가장 큰 영향을 미치는 것은 지원수당으로 전체만족도의 39%를 차지하는 것으로 확인되었다.

취업성공패키지 사업의 참여자의 만족도를 높이기 위해서 우선적으로 참여수당의 현실화가 필요하다. 이에 대한 방안으로 저소득층 및 청년을 대상으로 고용안정망의 사각지대를 없애 생계를 보장하고 효율적인 취업 서비스를 지원하는 국민취업지원제도를 시행해야 한다. 이 제도는 금전적인 문제가 있는 구직자에게 생계유지를 위한 구직활동기간과 구직기간이 길어지면서 발생하게 되는 경제적 부담을 해소하기 위해 소득을 지원하는 정책으로 이 국민취업지원제도에서 제시하는 구직수당이 지급된다면 취업성공패키지 사업의 만족도는 더욱 높아질 것으로 생각된다.

제5장

결 론

제5장
결 론

국내 취업성공패키지 사업성과는 취업을 통해 국민들의 삶을 보다 긍정적으로 변화시켜 왔다는 것으로 취업을 통해 화목한 가정을 회복하고 사회초년생의 사회일원이 될 수 있는 기회를 제공하고, 경력단절자의 인생 2막을 지원하고, 취업성공패키지가 구직자의 어려움을 함께 해결하고 이들이 보다 나은 삶을 펼칠 수 있도록 긍정적인 역할을 담당해왔다.

국내 취업성공패키지사업은 지원대상자의 개인별 취업역량 등을 고려하여 3단계에 취업지원서비스 이수를 통하여 통상 1년 동안 통합적인 취업지원 서비스를 제공하는 프로그램이다. 미국, 영국, 독일 등의 주요 선진국에서는 장기실업자, 근로빈곤층을 대상으로 노동시장 참여를 위한 근로복지연계 정책을 추진하고 있다. 특히 OECD 국가는 예외 없이 취업에 어려움을 겪고 있는 저소득층을 대상으로 노동시장 진입을 촉진할 수 있는 다양한 정책을 통해 빈곤층의 취업지원강화를 통해 빈곤문제를 해결하고 있다.

본 연구에서는 취업성공패키지사업 참여자의 서비스단계별 만족도 분석을 통하여 사업 참여자의 특성에 따라 취업지원서비스 만족도에 유의미한 차이가 있는 것을 확인하였다. 본 연구의 결과를 요약하면 다음과 같다.

첫째, 취업성공패키지사업 참여자의 성별에 따른 취업지원서비스 만족도 분석결과 남성의 만족도가 여성의 만족도 보다 높은 것으로 일부 취업지원서비스에서 유의미한 차이가 있는 것으로 확인되었다. 이는 기존의 연구와 동일한 결과를 보이는 것으로 확인되었다.

둘째, 취업성공패키지사업 참여자의 연령에 따른 취업지원서비스 만족도 분석결과 연령이 낮을수록 만족도가 높은 것으로 일부 취업지원서비스에서 유의미한 차이가 있는 것으로 확인되었다.

셋째, 취업성공패키지사업 참여자의 최종 학력에 따른 취업지원서비스 만족도 분석결과 고학력자일수록 취업지원서비스의 만족도가 높은 것으로 확인되었다. 이는 기존의 연구와 동일한 결과를 보이는 것으로 확인되었다.

넷째, 취업성공패키지사업 참여자의 보유자격증 개수에 따른 취업지원서비스 만족도 분석결과 보유자격증 개수에 따라 일부 취업지원서비스에서 유의미한 차이가 있는 것으로 확인되었다.

다섯째, 취업성공패키지사업 참여자의 미취업기간에 따른 취업지원서비스 만족도 분석결과 미취업기간이 짧을수록 취업지원서비스 만족도가 높은 것으로 확인되었다.

여섯째, 취업성공패키지사업 참여자의 참여 경로에 따라 취업지원서비스 만족도 분석결과 참여 경로에 따라 일부취업지원서비스에서 유의미한 차이가 있는 것으로 확인되었다.

취업성공패키지사업 참여자의 취업지원서비스 만족도 모형을 개발하기 위해 본 연구에서는 요인분석과 다중회귀분석을 통하여 모형을 개발하였다. 요인분석을 활용하여 취업지원서비스는 상담사 역량, 취업지원서비스, 지원수당 3개 요인으로 성분이 추출되었다. 추출된 요인을 활용하여 다중회귀분석을 실시한 결과 지원수당이 취업지원서비스 만족도에 가장 큰 영향을 미치는 것으로 확인되었고, 다음은 취업 지원 서비스, 상담사역량 순으로 서비스만족도에 영향을 미치는 것으로 확인되었다.

취업지원서비스 만족도에 가장 큰 영향을 미치는 지원수당과 관련하여 저소득 구직자에게 직업훈련기간에는 생계 지원 목적의 훈련참여수당이 지급되었으나 구직활동 기간에는 별도의 소득지원이 없어 생계유지를 위한 부담이 큰 저소득 구직자로서는 구직활동에만 집중하기 어렵고 좋은 일자리에 취업할 가능성이 낮았는데, 정부에서는 2020년 7월부터 실업급여를 받지 못하는 저소득층의 구직활동을 돕기 위해 구직수당을 지급하기로 하여 취업지원서비스 만족도가 더욱 높아질 것으로 기대된다.

본 연구는 2017년 이후 국내 취업성공패키지사업 참여자

가운데 취업에 성공한 구직자만 연구를 수행하였다. 취업성공패키지 사업에 참여한 구직자 가운데 여러 가지 사유로 취업에 성공하지 못한 지원자도 사업을 수행한 과거 10년간 85만 명에 달하는데 이에 대한 취업지원서비스에 대한 분석이 미흡하다. 또한, 본 연구에서는 전남지역에서 운영하는 민간위탁기관 이용자를 대상으로 연구를 수행하였으나, 민간위탁기관에서 『개인정보보호법』 등의 사유로 인하여 민간위탁기관의 취업패키지사업 참여자에 대한 정보를 제공해 주지 않아 일부 지역에서만 조사를 수행하게 되어 연구의 한계로 남았다.

본 연구에서는 취업자와 전남지역에 한하여 취업성공패키지사업 참여자의 취업지원서비스 만족도 조사를 분석하였다. 취업에 성공한 구직자의 경우 취업에 실패한 구직자보다 일반적으로 만족도가 높게 조사될 것으로 생각되는데, 취업에 실패한 구직자를 대상으로 취업지원서비스별 만족도를 분석하여 중도에 포기한 구직자의 취업률을 높일 수 있을 것으로 기대되어 현재 대표적인 취업지원 프로그램인 취업성공패키지사업의 보다, 효과적이고 발전적인 성과를 기대할 수 있을 것으로 생각된다.

참고문헌

참고문헌

강재태·배종훈(2002), 「진로지도 워크북」, 서울 : 교육과학사.

강재태·배종훈·강대구(2003), 「진로지도의 이론과 실제」, 서울 : 교육과학사.

고용노동부(2019), 「취업성공패키지 성과분서」.

김봉환·정철영·김병석(2006), 「학교진로상담」, 서울 : 학지사.

김진희(2013), "취업성공패키지 참여자들의 고용지원서비스 만족도 향상요인에 대한 분서", 「직업과고용서비스연구」(제8권 제2호) 17-31.

김호원·이종구(2018), "취업성공패키지 청년층 특화 취업지원 프로그램 참여자의 만족도와 성과에 관한 연구", 「취업진로연구」(제8권 1호) 1-20.

김충기(1993), 「진로상담의 이론과 실제」, 서울 : 성원사.

이수연(2015), "민간위탁사업의 서비스만족도 향상 및 발전방안", 「취업성공패키지 중심으로」, 인천대학교 경영대학원 석사학위논문.

노대명(2019), 「실업부조 도입 관련 근로능력자에 대한 공공부조 검토」.

이재창(1994), "진로교육 발전방안 탐색에 관한 연구", 「진로교육연구」, 80-119.

이재창(1997), "한국 청소년 진로상담의 문제점과 개선방안", 「청소년 진로상담모형 기본구상」, 1-28. 서울 : 청소년대화의 광장.

이현주(2017), "취업성공패키지 지원 서비스 만족도가 취업성과에 미치는 영향", 「청년층을 중심으로」, 경기대학교 행정·사회복지대학원 석사학위논문.

장석민(1997), "진로교육의 실천방향과 과제", 「청소년 진로상담모형 기본구상」, 29-62. 서울 : 청소년대화의 광장.

정철영(1991), "Holland와 Dawis-Lofquist의 진로발달이론", 「비교 및 대조. 직업교육연구」, 10(1), 98-105.

최윤희(2018), "미국의 공공 부조 법 TANF의 법리 연구", 「우리의 공공부조법 개정에의 함의」, 일감법학, 41, pp.209-230.

한국경제경영연구원(2012), 「2012년도 취업성공패키지 사업 참여자 만족도 조사를 통한 개선방안 도출」, 고용노동부 연구보고서

한국고용정보원(2017), 「취업성공패키지 성과분석과 민간위탁사업 발전방안」.

한국노동연구원(2017), 「자발적 이직자에 대한 수급자격 인정에 따른 재정 소요 전망」.

한국노동연구원(2018), 「일자리 정책 패러다임 변화와 노동시장 제도개선 과제」.

한국노동연구원(2018), 「한국형 실업부조 법제화 방안 연구」.

한국노동연구원(2018), 「특수형태근로(특수고용) 종사자의 규모추정을 위한 기초연구」.

한국진로교육학회(2001), 「진로교육의 이론과 실제, 서울 : 교육과학사.

홍영주(2016), 「중동환자들의 서비스만족도와 재방문 의사결정 정

보에 관한 연구」, 서울대학교 대학원 석사학위논문.

Bailey, J. E & Pearson(1983), "Development of a Tool for Measuring and Analyzing Cumputer User-satisfaction", A Management Science, Vol.29.

Bandura, A.(1986), Social Foundations of Thought and Action : A Social Cognitive Theory. Englewood Cliffs, NJ : Prentice-Hall.

Betz, N. E.(1992), Counseling Uses of Career Self-efficacy Theory. The Career Development Quarterly, 41, 22-26

Brolin, D. E.(1991), Life Centered Career Education : A Competency Based Approach. Reston, VA : Council for Exceptional Children.

Crites, J. O.(1981), Career Counseling : Models, Methods, & Materials. NY : McGraw-Hill.

Gati, I.(1986), Making Career Decision - A Sequential Elimination Approach. Journal of Counseling Psychology, 33, 408-417.

Ginzberg, E., Ginsburg, S. W., Axelrad, S., & Herma, J. L(1951). Occupational choice: An approach to a general theory. New York: Columbia University Press.

Gottfredson, L. S.(1981), Circumscription and Compromise : A Deveiopmental Theory of Occupational Aspirations. Journal of Counseling Psychology, 28(6), 545-579.

Hackett, G., & Betz, N. E.(1981), A Self-efficacy Approach to the Career Development of Woman. Journal of Vocational Behavior, 18, 326-339.

Harren, V. A.(1979), A Model of Career Decision Making for

College Students. Journal of Vocational Behavior, 14, 119-133.

Holland, J. L.(1973), Making Vocational Choices : A Theory of Careers. Englewood Cliffs, NJ : Prentice-Hall.

Holland, J. L.(1985), Making Vocational Choices : A Theory of Vocational Personalities and Work Environments. Englewood Cliffs, NJ : Prentice-Hall.

Krumboltz, J. D., Mitchell, L. K.(1990), Social Learning Approach to Career Decision Making : Krumboltz's Theory. In D. Brown, et al., Career Choice and Development : Applying Contemporary Theories to Practice. San Francisco : Jossey-Bass.

Krumboltz, J. D., Mitchell, A., & Gelatt, H. G.(1975), Applications of Social Learning Theory of Career Selection. Focus on Guidance, 8(3), 1-16.

Mitchell, T. R.(1974), Expectancy Models of Job Satisfaction, Occupational Preference, and Effort. Psychological Bulletin, 81, 1053-1077.

Mitchell, T. R., & Beach, L. R.(1976), A Review of Occupational Preference and Choice Research Theory. Journal of Occupational Psychology, 49, 231-248.

Mitchell, Levin, & Krumboltz(1999), Planned Happenstances, Constructing unexpected career opportunities, Journal of Counseling & Development.

Roe, A., & Lunneborg, P. W.(1990), Personality Development and Career Choice. In D. Brown, et al., Career Choice and

Development : Applying Contemporary Theories to Practice. SanFrancisco : Jossey-Bass.

Oliver, Richard L. (1980). "A cognitive Model of the Antecedents and Consequences of Satisfaction Decisions". Journal of Marketing Research, 17, pp.460-469.

Super(1990), D. A life-span approach to career development. In D. Brown & L. Brooks (Eds.), Career choice and development (2nd ed., pp.197-261). San Francisco: Jossey-Bass.

Zunker, V. G.(1999), Career Counseling : Applied Concepts of Life Planning. Pacific Grove, CA : Brooks/Cole.

부 록

설 문 지

안녕하십니까?

저는 『**취업성공패키지사업 참여자의 취업지원 서비스만족도 분석**』에 관한 박사학위 논문을 준비하고 있는 세한대학교 경영학과 학생입니다. 취업성공패키지 참여자의 서비스만족도 분석을 통해 취업성공패키지의 향후 발전방향 및 질 높은 취업지원 서비스제공을 위한 연구를 진행하고 있습니다.

본 설문조사를 통해 얻어진 정보는 학문적 연구 목적으로만 사용될 것이며, 본 조사의 설문내용 및 개인정보는 통계법 제33조에 의해 비밀이 보장됨을 알려드리며, 부디 여러분의 응답이 유용하게 사용될 수 있도록 각 문항에 대해서 빠짐없이 답변해 주시면 감사하겠습니다.

기타 궁금하신 사항은 아래로 연락 주시면 성심껏 답변드리도록 하겠습니다.

연락처 : 010-8620-3498 <김선금 연구원>

<통계법 33조>

1. 통계작성과정에서 알려진 사항으로서 개인 또는 법인이나 단체의 비밀에 속하는 사항은 보호되어야 한다.

2. 통계작성을 위하여 수집된 개인 또는 법인이나 단체의 비밀에 속하는 기초자료는 통계작성의 목적 외에 사용하여서는 아니 된다.

2019. 7.

세한대학교 경영학과 박사과정

지도교수 : 최영수 교수

연구자 : 김선금

Ⅰ. 다음은 귀하가 참여한 취업성공패키지 프로그램에 대한 질문입니다.

1. 귀하의 연령대?

① 29세 미만 ② 30세~39세

③ 40세~49세 ④ 50세 이상

2. 귀하의 성별?

① 남 ② 여

3. 최종 학력?

① 초등학교 이하 ② 중학교 ③ 고등학교

④ 대학교 ⑤ 대학원

4. 자격증 보유 여부는?(운전면허증 등 포함)

① 0개 ② 1개~2개 ③ 3개~4개

④ 5개~6개 이상 ⑤ 7개 이상

5. 귀하의 미취업 기간은?

① 3개월 미만 ② 3개월 이상~6개월 미만

③ 6개월 이상~12개월 미만

④ 12개월 이상~24개월 미만 ⑤ 24개월 이상

6. 귀하의 거주지역?

① 목포 ② 무안 ③ 영암 ④ 해남 ⑤ 함평

⑥ 진도 ⑦ 장흥 ⑧ 강진 ⑨ 신안 ⑩ 기타

7. 귀하의 취업성공패키지 사업 참여 기관은 ?

① 내일엔 목포 ② 내일엔 목포대 ③ 내일엔 해남

④ 목포여성인력개발센터 ⑤ 중앙잡커리어

⑥ 케이잡스(주)목포 ⑦ 국제성공취업센터

8. 취업성공패키지 사업에 참여 된 경로는?

① 대중매체 ② 온라인 ③ 지인·가족소개

④ 유관기관 추천 ⑤ 기타

9. 귀하가 참여한 취업성공패키지의 전제적인 만족도는 어떠합니까?

① 매우 불만족 ② 대체로 불만족 ③ 보통

④ 대체로 만족 ⑤ 매우 만족

10. 귀하가 참여한 취업성공패키지의 사업 참여기간(초기상담~취업성공)은?

① 3개월 미만 ② 3개월 이상~6개월 미만

③ 6개월 이상~12개월 미만

④ 12개월 이상~24개월 미만 ⑤ 24개월 이상

Ⅱ. 취업성공패키지 초기(집중)상담 서비스 지원에 대한 질문입니다.

번호	문 항	매우 불만족	불만족	보통	만족	매우 만족
1	초기상담에서 프로그램에 대한 개요 및 진행절차에 대한 안내는 충분히 받았습니까?					
2	상담 시간 배분은 적절하였습니까?					
3	상담 내용은 적절하고 이해할 수 있었습니까?					
4	상담은 귀하의 진로 결정에 도움이 되었습니까?					

Ⅲ. 직업선호도검사, 구직준비도 결과해석 서비스 지원에 대한 문항입니다.

번호	문 항	매우 불만족	불만족	보통	만족	매우 만족
1	직업선호도, 구직준비도 검사 결과해석에 대해 전제적인 만족도는 어떠합니까?					
2	결과해석에 대한 상담사의 전문성은 만족스러웠습니까?					
3	구직준비도 결과해석은 성공적인 구직을 위해 도움이 되었습니까?					
4	직업선호도검사 결과해석을 통해 구직자의 적성, 흥미, 특성을 이해하는데 도움되었습니까?					
5	직업선호도검사 결과해석은 진로 결정에 도움이 되었습니까?					
6	직업선호도검사 결과해석은 이해하기 쉽게 전달되었습니까?					

Ⅳ. 취업성공패키지 취업지원계획(IAP) 수립 지원에 대한 질문입니다.

번호	문 항	매우 불만족	불만족	보통	만족	매우 만족
1	취업지원계획(IAP)에 대한 만족 정도는 어떠하였습니까?					
2	취업지원계획(IAP)을 위한 시간배정은 적정하였습니까?					
3	취업지원계획(IAP)에 대한 작성안내는 충분히 받았는가?					
4	취업지원계획(IAP)에 대한 충분한 작성 도움을 받았는가?					

Ⅴ. 직업훈련 서비스 지원에 관한 문항입니다.

번호	문 항	매우 불만족	불만족	보통	만족	매우 만족
1	직업훈련의 전체적인 만족도는 어떠합니까?					
2	제공된 자격증, 교육, 직업훈련 정보는 직업훈련 결정에 도움이 되었습니까?					
3	훈련기관 연계는 적절했습니까?					
4	직업훈련 참여 기간은 적절했습니까?					
5	직업훈련은 취업에 도움이 되었습니까?					

Ⅵ. 집중 취업알선 서비스에 대한 문항입니다.

번호	문 항	매우 불만족	불만족	보통	만족	매우 만족
1	취업알선 서비스의 전제적인 만족도는 어떠합니까?					
2	제공된 취업 정보는 귀하의 취업에 도움이 되었습니까?					
3	채용정보는 취업희망 시기에 얼마나 적합했습니까?					
4	제공된 채용정보 횟수는 만족스러웠습니까?					
5	클리닉 서비스 지원(이력서·자기소개서·면접)은 만족스러웠습니까?					
6	상담자의 면접 동행 서비스는 만족스러웠습니까?					

Ⅶ. 직업상담사에 대한 문항입니다.

번호	문 항	매우 불만족	불만족	보통	만족	매우 만족
1	직업상담사의 직업 및 진로상담에 대한 전문 지식은 어떠합니까?					
2	직업상담사의 상담 태도(공감, 경청, 소통)는 만족스러웠습니까?					
3	직업상담사의 업무처리 능력은 만족스러웠습니까?					
4	직업상담사의 구인정보제공, 취업알선 매칭 능력은 만족스러웠습니까?					
5	이력서, 자기소개서 클리닉, 면접 코칭은 만족스러웠습니까?					
6	직업상담사의 역량이 취업 성공에 미친 영향은 어떠합니까?					

Ⅷ. 프로그램 참여수당에 대한 문항입니다.

번호	문 항	매우 불만족	불만족	보통	만족	매우 만족
1	1단계참여수당(최대20만원)					
2	2단계참여수당(최대 월 28.6만원)					
3	3단계참여수당(최대 6만원)					
4	취업성공수당(청년내일채움공제)					
5	참여수당에 대한 전반적인 만족도는?					

Ⅸ. 취업성공패키지의 지원 서비스 중 본인에게 가장 도움이 되었던 서비스는 무엇입니까?

① 초기(집중)상담

② 직업선호도 검사

③ 진로계획수립(IAP)

④ 직업훈련서비스

⑤ 취업알선 서비스

⑥ 클리닉(이력서, 자기소개서, 면접) 지원 서비스

⑦ 각종 지원금 제도

저자 약력

김선금(金善今)

1971년 전남 목포 출생
광주대학교 사회복지학과 졸업(사회복지학 학사)
초당대학교 대학원 사회복지학과 졸업(사회복지학 석사)
세한대학교 대학원 경영학과 졸업
(경영학 박사 / 사회복지학 전공)
현재) 고구려대학교 사회복지상담학과 겸임 교수
현재) 목포시장애인종합복지관 팀장

직업선택과 노동복지

2020년 11월 20일 인쇄
2020년 12월 10일 발행

저 자 | 김선금
발행인 | 정병석

발행처 | 전남대학교출판문화원
주소 | 61186 광주광역시 북구 용봉로 77
전화 | (062) 530-0571~3 팩스 | (062) 530-0579
등록 | 1981. 5. 21. 제53호
홈페이지 | http://www.cnup.co.kr
이메일 | cnup0571@hanmail.net

값 10,000 원

ISBN 978-89-6849-747-6 (93330)

이 도서의 국립중앙도서관 출판예정도서목록(CIP)은 서지정보유통지원시스템 홈페이지(http://seoji.nl.go.kr)와 국가자료종합목록 구축시스템(http://kolis-net.nl.go.kr)에서 이용하실 수 있습니다.
(CIP제어번호: CIP2020048978)